A escravidão contada
à minha filha

Christiane Taubira

A escravidão contada
à minha filha

tradução
Ligia Fonseca Ferreira
Regina Salgado Campos

todavia

Prólogo à edição brasileira 7
Prelúdio 11
Introdução 17

O tráfico negreiro e a escravidão em suas verdades 24
As ambiguidades do universal 56
O crime contra a humanidade 72
As lutas. Nossos pais, nossos heróis... 80
As reparações 91
As implicações da lei que reconhece o
crime contra a humanidade 126
A colonização 134
As formas contemporâneas e ditas
modernas da escravidão 143

Anexos

1. Lei visando ao reconhecimento do tráfico e da escravidão
enquanto crimes contra a humanidade. Exposição de
motivos da sra. Taubira-Delannon, deputada da Guiana 158
2. Lei nº 2001-434 de 21 de maio de 2001 visando
ao reconhecimento do tráfico e da escravidão
enquanto crimes contra a humanidade (I) 163

Prólogo à edição brasileira

Elas estão dentro de nós. Vivas ou sem que saibamos disso. Estão no nosso riso que crepita em desatino quando a adversidade encadeia os infortúnios e quando queremos dizer a nós mesmas e às outras que, uma vez mais, sobreviveremos. Elas estão aqui. No nosso cotidiano distraído. Nas nossas rotinas e na nossa vigilância. Nas nossas ações de resistência. Na nossa benevolência também. Abraçamos a todas, portanto. Todas nos pertencem. Inclusive as que, para sobreviver, para não capitular diante da catástrofe, ou simplesmente por conta da fragilidade do corpo ou da lassidão da alma, se acomodaram, ludibriaram, cederam; as que mercadejaram sua sensualidade, extorquindo a fraqueza ou a concupiscência de senhores inconstantes, um pouco menos brutais ou um pouco menos cruéis; as que porventura buscavam, nas falhas funcionais do monstruoso sistema escravista, brechas de concessão ou de alívio.

Logicamente, preferimos de longe as audaciosas, as determinadas, as briguentas, as guerreiras, as bruxas, as líderes, as temerárias, as intrépidas, as fanfarronas, as curandeiras, as transmissoras de conhecimento, até mesmo as chicaneiras.

Veneramos as mulheres que enfrentaram a tortura e a morte com desdém, como Flora e Sely, no Suriname. As que pegaram em armas, como Marie-Louise e Solitude, em Guadalupe. As que escolheram a marronagem[1] e lutaram quando passavam para

---

[1] Atos de resistência (e ruptura) de escravizados que abandonavam as plantações para viverem livres nas matas. As outras formas de resistência nas plantações consistiam em sabotagem ou envenenamento.

resgatar seus filhos espalhados nas plantations,* como Claire e Gertrude, na Guiana. As que, tendo aprendido a ler e escrever — por vezes na Bíblia que lhes era reservada —, se engolfaram nos interstícios de uma legislação monstruosa para ampliá-los, como Tine e Monique, na Martinica. As inúmeras mulheres que foram estupradas às vezes, quase sempre, repetidamente, mas que decidiram continuar amando, amando seus corpos, seus homens alquebrados, inclusive aquelas crianças "mulatas" com destino incerto. As que, para sua nova vida em liberdade, esconderam e carregaram no cabelo sementes de arroz, milho, feijão, abóbora… As que conheciam as virtudes das plantas medicinais e nos transmitiram uma farmacopeia que ainda desperta a cobiça das multinacionais farmacêuticas e de cosméticos.

Elas estão dentro de nós. Tanto durante as grandes provações quanto na pequena bravura de cada dia. Reivindicamos Dandara. Sem hesitação. Sem nos deixar abalar por especulações e dúvidas. Estrategista ao lado de Ganga Zumba no Quilombo de Palmares, ou figura literária, ou mais seguramente as duas coisas, Dandara ainda irriga nosso caráter por inteiro, nós que não temos mais que escolher entre a liberdade e a morte. Acolhemos igualmente Lucrécia e Madalena, mulheres de combate e sobrevivência. Sabemos que são mais verdadeiras do que verossímeis.

Carregamos a dolorosa lembrança de Basília, que sabia quão ambígua e instável era a regra do "ventre livre". E a de Damásia, que, provavelmente, compreendeu melhor do que ninguém o dilaceramento que afligia, a algumas milhas ao norte do oceano Atlântico, as entranhas de Margaret Garner.

---

* Plantation é o sistema de produção agrícola implantado nas colônias europeias das Américas, da África e da Ásia, do século XVI ao XIX, tendo como características: os grandes latifúndios, a monocultura, a mão de obra escravizada e a exportação para o mercado externo. [N. T.]

***

Elas caminharam. Dias, meses, anos. Passaram de um estado do Brasil a outro, de norte a sul, de leste a oeste, esmiuçando regras e costumes, avaliando as mutações e gradações das duras realidades sociais, entre a economia açucareira e a economia mineira. Percorreram o imenso país, exceto os estados amazônicos de Roraima e Acre, ao que parece, mas quase todos os demais, especialmente Bahia, Pará, Pernambuco, Maranhão, Piauí, Minas Gerais e Rio Grande do Sul.

Elas apoiaram seus homens, seus irmãos, seus filhos. Guerrearam ao lado de seus camaradas insurgentes. Cerraram os punhos, os olhos secos, enquanto assistiam à lenta agonia dos corpos de homens robustos, recurvados pelo gancho de ferro que lhes perfurava as costelas. Elas próprias resistiram ao açoite, às pinças incandescentes, às mutilações, às compressões; pereceram em silêncio, recusando-se a revelar a localização de quilombos, *palenques*, aldeias de *marrons* em plena floresta ou na beira dos rios. Desafiaram ao longo de todos esses séculos, ruidosa ou sorrateiramente, esse sistema de exploração absoluta, essas leis de negação da sua humanidade, esse crime contra a humanidade.

Entoavam canções de ninar tristes para as crianças.

Cá estamos, nós também, combativas, resilientes e obstinadamente alegres, cantando diante da hostilidade, quando o desastre promete durar, quando o futuro parece nublado. Cultivamos a capacidade de suportar dores e o gosto pelo encantamento, pois elas lutaram para se manterem vivas.

Algumas delas, como Dandara e Luiza Mahin (mãe de Luís Gama), estão registradas no *Livro dos Heróis e Heroínas da Pátria*, conforme permitido pela Lei nº 13816, de 24 de abril de 2019.

A Lei francesa nº 2001-434, de 10 de maio de 2001, reconhece o tráfico de escravizados e a escravidão como crimes contra a humanidade e determina que o Estado deve coordenar o ensino sobre ele, promovendo a pesquisa e a cooperação.

Em 10 de maio, data nacional de comemoração, as instituições republicanas se curvam em memória do tráfico de escravizados, da escravidão, das lutas de resistência e das abolições.

Esse ensino foi estabelecido no Brasil pela Lei nº 10639, de 9 de janeiro de 2003.

O artigo 68 da Constituição brasileira de 1988 reconhece "aos remanescentes das comunidades dos quilombos que estejam ocupando suas terras a propriedade definitiva, devendo o Estado emitir-lhes os títulos respectivos".

Todos os anos, no dia 20 de novembro, aniversário da morte de Zumbi dos Palmares, "o líder negro de todas as raças" que foi vencido em um combate de resistência, um número cada vez maior de cidades brasileiras celebra, com pompa e imaginação crescentes, o Dia da Consciência Negra. Em alguns lugares, esse dia estende-se em uma série de eventos que transcorrem ao longo do mês de novembro.

No dia 13 de maio, o bloco de mulheres negras Ilú Obá De Min, assim chamadas em língua iorubá, realiza a "lavagem da rua Treze de Maio", na escadaria do bairro do Bixiga, em São Paulo, todas vestidas de branco, com seus tambores e danças, a fim de se reapropriar dos méritos, do conteúdo e do significado da Lei Áurea de 1888.

As mulheres... mais uma vez! E elas têm todos os tons de pele, do ônix ao marfim.

Christiane Taubira
Ministra da Justiça da França (2012-2016)
Membra honorária do Parlamento francês
9 de agosto de 2024

Prelúdio

É uma história de violência e beleza.

Um pesadelo sem janela.

Sob o vapor opaco que circunda o incêndio, as crianças, apavoradas, sentem-se perdidas. O sol já desponta no topo das árvores, e a enseada que desce em direção ao rio canta acariciando a ponta do rochedo erguido em seu curso, roçando a terra contida pelos arbustos ao longo das margens. Como se fosse um dia igual aos outros. A coluna humana, agrilhoada nos tornozelos e no pescoço, desperta contra os traficantes, sejam eles brancos ou negros, a ira de homens e mulheres que voltam do trabalho nos campos, encontrados no caminho da costa onde estão atracados os navios negreiros.

A costa é volúpia. Abre-se para o céu anil que o horizonte confunde com a garganta de um mundo sem perdão. As ondas quebram contra os blocos de pedra, como uma mãe cujo espírito ficou à deriva.

Algumas jovens curvam a espinha, outras empertigam mais firmemente os ombros, o olhar embaçado, porém tenaz. Passaram pelo desatracar, o ritual de estupro no qual se atiram os marujos. Uma parte, a maioria, tem a alma despedaçada. Outras compreendem que esse é o primeiro desafio lançado à sua humanidade. E o enfrentam.

As mulheres mantêm o gesto seguro, enquanto uma ou mais crianças requerem seus cuidados. Elas lhes dizem baixinho que é uma fatalidade da vida, como quando as mudanças sazonais levam à transumância, ou quando vizinhos distantes, armados e aos berros, promovem pilhagens.

Os homens sentem-se humilhados por não poderem oferecer proteção de agora em diante.

Acontece de alguns sábios serem nômades. Apanhados com os outros durante as capturas, ou infiltrando-se voluntariamente entre os seus, como se os acompanhassem, a fim de zelar por aqueles e aquelas aos quais um ataque, um infortúnio ou uma injustiça condenam a um funesto destino.

O calor irisado prostra os corpos imóveis.

O cheiro não passa. Mistura-se ao barulho das correntes, encorpa na escuridão teimosa, cavalga nas palavras que, por reflexo, cada um nada mais faz do que sussurrar. Deitados sobre o flanco esquerdo, a cabeça de um nos pés do outro, suportam balanços e arfadas, apertam os dentes e habituam-se aos humores do mar. Acabam, assim, distinguindo a noite do dia, pelo barulho da água batendo no casco do navio, ou mais ainda pelas sutis variações do vaivém dos marinheiros no convés. Põem-se a espreitar o momento em que a agitação se atenua e, desse modo, na penumbra que nunca se altera, conseguem medir o tempo.

As primeiras revoltas nascerão desse domínio do ciclo do dia e da noite.

Foram as mulheres que começaram. Não logrando mais abafar os gemidos que lhes rebentavam na garganta, elas os umedecem, timbram, alisam, lustram, transformam em sons de ganchos, em notas de blues, em saudade.

Quantos, durante esses quatro séculos, afogaram-se com o peso de suas correntes, depois de ter tentado dominar marinheiros e navios, ou mesmo sem tentar, preferindo a hospitalidade do ruidoso oceano à morna e soberba crueldade dos homens?

* * *

De súbito, os alimentos vão se tornando um pouco menos adulterados. Há dois dias são levados em pequenos grupos ao convés. Respirar, movimentar-se, recuperar a aparência humana. É que os mercadores escarafuncham tudo: dentes, músculos, piolhos.

Como essas terras são belas! Como essas montanhas parecem acolhedoras! As begônias brigam com os sargaços para perfumar os ventos alísios. O litoral é recortado como num pergaminho. A lua, envergonhada, só se mostra de costas.

As separações são dilacerantes. Seguem apenas uma lei, a vontade do colono e o peso do seu bolso. O sol não é mais inclemente nessas plantations do que era nos campos de milheto. Mas aqui a água é escassa, muito escassa. O açoite estala como se ficasse inebriado à saciedade com seu próprio bordão. Os cantos elevam-se, no princípio, delicados, *work songs* improvisadas, estranhamente harmoniosas, mesmo quando quebram o ritmo. Subindo dos pés aos punhos, ofegando dos pulmões à garganta, os cantos são tomados por uma sanha glacial, uma impaciência domada, uma desesperança sufocada. As crianças não trabalham para brincar, elas labutam. As mulheres amarram feixes de cana, colhem o algodão, enfardam o fumo, às vezes desmaiam de exaustão, grávidas até o pescoço. Os homens mastigam sua raiva não contra o trabalho extenuante, mas diante da impotência de livrar as mulheres do desejo brutal e bestial do senhor, das vinganças perversas de sua esposa.

Homens, mulheres, crianças? Móveis, segundo o Código Negro. Rebanho, para o feitor. Escravizados à mercê, para o senhor.

Os negros *marrons* surgiram.

Eles se consideravam homens.

Os griôs salmodiavam, desde a noite dos tempos, os direitos e as proibições caligrafadas na Dunya Makilikan de Sundjata Keita, a bula de Ahmed Baba, bem como as leis de Urucaguina e o Código de Hamurabi.

Eles os consideravam homens.

O habeas corpus romano e a Magna Carta estabeleceram, havia muito tempo, os limites da força e os abusos de poder.

Quantas bulas papais, ordenações reais, controvérsias, éditos, portarias e decretos foram necessários para contradizê-los e conter aquela desordem moral e social...

Quantas exegeses, doutrinas, dogmas, postulados foram necessários para justificar aquele comércio contra a natureza, contra a humanidade, para tranquilizar consciências atormentadas...

Nem todos pereceram, mas todos ficaram marcados. As religiões, a filosofia, a sociologia, a antropologia, as ciências... e até mesmo o direito, os manipuladores de conceitos injetaram, nesse conjunto de disciplinas, teorias nebulosas, dando seu quinhão a esse embuste!

E enquanto os oceanos ficam congestionados na superfície com embarcações de bandeiras rivais, e cadáveres anônimos forram suas profundezas...

Enquanto circulam, como nunca antes, tecidos, barras de ouro, fuzis, bibelôs e bugigangas dos negociantes da Europa atlântica, que em troca recebem extravagantes benefícios em lingotes de ouro e de prata, sacos de café e de cacau, barris de rum, rolos de fumo, fardos de algodão, arcas de seda e urnas de pedras preciosas...

Enquanto dessas utilidades e curiosidades tropicais, desses confortos supérfluos escorrem o sangue e a execração dos ameríndios dizimados; enquanto continua a ressoar o estrondo das lutas de resistência...

Enquanto se globaliza o comércio e deixa claro para a consciência de todos que o mundo acabou...

Enquanto se instalam as teorias raciais e o racismo, inútil para explicar o mundo, mas pronto a ratificar seus desregramentos, enraíza-se por séculos...

Enquanto os jovens marujos europeus, perplexos, enojados, decidem dar testemunho do crime cometido, assim que retornam às suas cidades...

Enquanto os escravizados criam línguas e artes, modelam religiões, casam espiritualidades, explicam o mundo e seus desatinos; enquanto incendeiam as plantations, envenenam os animais, sabotam as colheitas e afundam essa economia de prebendas; enquanto do ragtime ao gospel, dos spirituals ao blues, do candomblé ao tango, do kaseko à capoeira, do banjo ao jazz e dos inexpugnáveis quilombos aos tratados de paz, eles fazem a experiência de sua invencibilidade; enquanto seus líderes se elevam à altura das humanidades ligadas por uma mesma exigência de igualdade e de respeito...

Enquanto, na Europa e na América, por injunções e petições, em Paris, Lyon, Champagnet, Barbechard, Londres, Liverpool, Bristol, Amsterdam e Pensilvânia, vozes célebres de filósofos e ativistas, clamores de cidadãos ordinários proclamam que acreditam nessas humanidades iguais...

Enquanto se inscrevem, finalmente, contra as escravidões e as servidões dos tempos passados, dos tempos presentes e dos tempos vindouros, convenções e protocolos reatam com a Dunya e com a Magna Carta...

Enquanto, de todos os pontos cardeais e de todas as culturas, se faz a pergunta sobre como partilhar o mundo, não de parte em parte, mas em parte comum...

Alguma coisa vibra, desejando fazer surgir, da mundialização da brutalidade e da cobiça, a promessa de uma mundialidade consciente da diversidade do mundo e ardente por fraternidade.

Uma história de violência e beleza.
É possível que a beleza vença.

Introdução

A França se diz nação cívica.

Ela tem razão.

Mesmo neste momento em que ressurge estrepitosamente um lamentável nacionalismo tribal.

É uma nação cívica por sua fonte na Revolução Francesa, que quebrou privilégios e pregou a igualdade, por suas origens naquele 14 de julho de 1790 no Campo de Marte, por suas intenções de reunir os cidadãos numa comunidade de destino; é cívica por transcender o grupo, a tribo, a etnia, a raça e o sangue.

A nação representa o corpo social e político, ligado pelas leis que atribui a si mesma e por instituições que organizam a vida civil.

É justamente para essa nação cívica que deram sua vida aqueles cujos "nomes são difíceis de pronunciar" (Aragon).

Logo, todos os cidadãos são iguais.

No entanto...

Há cidadãos que passam cotidianamente pela experiência da desigualdade, da discriminação, da injustiça. Sentem-se consternados pelos preconceitos, clichês, prevenções de todo tipo; são confrontados com o ostracismo e a exclusão.

Discriminações são infligidas sob diversos pretextos. Desse modo, atingem mulheres só pelo fato de serem mulheres, pessoas em razão de suas crenças, reais ou supostas, de sua deficiência, de suas origens reais ou supostas, de suas preferências amorosas. Discriminações germinam, em geral, na intolerância, na recusa de aceitar a menor diferença no outro. Nenhuma discriminação é defensável. Nenhuma deve ser tolerada, pois elas rompem o pacto republicano que, de acordo com o artigo primeiro da Constituição francesa, ignora as diferenças, ou seja, não apoia nenhuma para não excluir ninguém.

Uma parte específica dos preconceitos que fundam essas rejeições bebe no passado longínquo de uma história que, como a Guerra da Argélia, ainda deixa na memória um rastro de rancor, quando não de ressentimento. Às vezes, os preconceitos vêm de mais longe, do primeiro período colonial, quando o tráfico e a escravidão suscitaram o aparecimento de teorias brutas e brutais sobre a desigualdade das raças para justificar aquele sistema econômico tão particular.

A longa marcha rumo à reconciliação das memórias permanece caótica, embora tenha alcançado significativos avanços. Ainda resta muito a ser feito para extrair conhecimentos úteis da herança cultural e política da história das conquistas coloniais. Essa tarefa deve ser comum, pois essa história é comum. Ela foi vivida em conjunto. Traficantes e cativos estavam no mesmo barco: uns entregues aos seus cálculos no convés; outros em sofrimento e revolta, no porão escuro e fedorento. Atravessaram juntos os oceanos e se enfrentaram nas terras das Américas, do Caribe e do oceano Índico. Viveram, em posições diferentes, o genocídio ameríndio. Forjaram, em condições desiguais, um conhecimento dos territórios do chamado Novo Mundo. Ali inscreveram, em uma relação inicialmente antagônica, as marcas das Europas e das Áfricas, junto às que testemunhavam a presença milenar dos ameríndios, desde suas migrações provenientes da Ásia. Depois a mestiçagem, principiada pelos estupros nos navios, seguida pelos estupros nas cabanas das plantations, iluminada por algumas raras e to-nitruantes histórias de amor, ampliada pelo encontro e pela solidariedade da resistência, essa mestiçagem veio tornar definitivamente caduca a narração binária do mundo.

As viagens nunca transportam objetos nus e silenciosos, nem homens amnésicos e mudos. Esses séculos de trocas induzidas pelo comércio triangular impactaram economias e culturas, porosas como tudo o que é vivo, e infiltraram-se nos conhecimentos e representações, à revelia daqueles que acreditavam no caráter impenetrável ou mesmo na superioridade de certas culturas. Foi a partir desses contatos com o mundo que a Europa ganhou um novo vigor, gerador das suas revoluções industriais.

Todas as disciplinas tomaram parte desses fatos.

As técnicas de navegação, obviamente.

A geografia ampliou-se.

A história tornou-se mais rica.

A arqueologia animou-se.

A antropologia desnorteou-se.

A etnologia aviltou-se em exóticas e hierárquicas considerações.

A sociologia gaguejou.

A teologia convenceu-se e convenceu acerca de uma nebulosa maldição de Cam, proferida por um Noé, humilhado, injusto.

As ciências derraparam em mensurações e teses fantasistas.

As teorias econômicas fugiram para longe.

O direito foi manchado pelo Código Negro.

Em todas essas matérias, houve espíritos marginais que escolheram caminhos diferentes do saber, a serviço do poder, da dominação, da injustiça ou até mesmo, em alguns casos, com conhecimento de causa, do crime. Os debates da época o atestam.

Mas os efeitos dessa explicação pluridisciplinar e enviesada de um longo período estão aí, operam no inconsciente coletivo, impregnando o subconsciente, e por vezes são deliberadamente mantidos na consciência dos que se agarram à nostalgia de um mundo que eles acreditavam ser preto e branco, branco no preto.

É verdade que a Terceira República Francesa se emaranhou. Fizeram-na dizer que a civilização oferecida pela espada e a evangelização imposta pelo aspersório eram tão preciosas que elas bem valiam alguns massacres, o confisco de terras, o trabalho forçado, a pilhagem dos recursos, o Código do Indigenato.

É preciso desconstruir para compreender, desfazer para viver juntos. Refazer a cidade.

Os que hoje estão expostos às discriminações são cidadãos e devem ser tratados como tal. Isso implica que a luta contra as discriminações possibilite uma resposta firme, judiciária e reparadora, que sua proibição constitucional, as sanções penais previstas e a preservação do pacto republicano exigem. Mas, na qualidade de cidadãos, as pessoas mencionadas esperam outra coisa: o respeito do contrato social. A resposta individual não pode bastar, mesmo sendo fortemente necessária. A resposta institucional é indispensável. Portanto, é pela inclusão em todos os campos — econômico, social, cultural, simbólico e político — que devemos não apenas convidar, mas integrar aqueles a quem precisamos nos habituar a enxergar não como supostos estrangeiros, não como subcidadãos, não como problemas,

mas como sujeitos de direito, cidadãos plenos, teoricamente dotados da plenitude dos atributos da cidadania, e que devem, enfim, experimentar isso na prática. Tal é a condição de uma resposta coletiva e duradoura aos tormentos individuais. Com uma perspectiva política: construir juntos a cidade.

Assim, uma vez relembrados o horror do sistema do tráfico negreiro e o inferno escravagista, a prosperidade adquirida pela Europa Atlântica, as transformações radicais decorrentes em todas as atividades; as relações, doutrinas, representações que forneceram raízes tão profundas ao racismo; uma vez estabelecido que, desde aqueles séculos, as resistências e as solidariedades transcontinentais já postulavam o repúdio à servidão, à opressão, à humilhação, já enunciavam a igualdade entre os homens, resta-nos entrar em acordo sobre o que temos em comum.

E, sem se atordoar na vertigem provocada por eles, enfrentar os desafios que se apresentam.

Vamos ficar olhando, indiferentes ou mortificados, esse longo trabalho de fragmentação social, territorial e cultural, de sedimentação das agruras, de incrustação de um surdo rancor e deixar o mundo se desagregar ao mesmo tempo que a sociedade desmorona?

Vamos pronunciar condenações veementes, tão ruidosas quanto anunciadoras de nossa impotência futura, sem conseguir nem refrear nem convencer nem vencer?

Vamos apenas perseguir aqueles que, pela morte que infligem e se infligem, escapam da justiça, sem perceber a tempo de contê-los, aqueles que podem cair nesse campo obscuro, mortífero e destruidor que se solda em torno do assassinato jubiloso e da erradicação das culturas, das liberdades, dos patrimônios?

***

Trata-se incontestavelmente da questão do pertencimento, do "Nós", esse lugar onde se sonha e se elabora o destino comum. O "Nós" de uma humanidade compartilhada, o "Nós" de um mundo que se tornou indiviso. Para novamente lhe dar vitalidade e consistência, é preciso reconhecer a extensão, a diversidade, a disparidade, admitir sua parcela de imprevisibilidade e irracionalidade, compreender essa busca por identidades particulares, essa aspiração ao grupo, essa necessidade de estar o mais próximo possível de seus semelhantes e saber, em troca, lhes oferecer a beleza, a força, mas também o imperativo de pertencer juntos e não de maneira fragmentada. Para tanto, tornar acessíveis, compreensíveis e confortadores os mistérios que o encontro entre seres diferentes encerra.

Nenhuma fórmula mágica poderia provê-lo. Nenhum totem poderia nos proteger contra o desamor ativo na multiplicidade dos separatismos, quer se trate de pretensas comunidades que se mostram ostensivamente ou de supostos autóctones que creem se entrincheirar num recolhimento frio ou provocador. A República deve instituir-se novamente como casa comum. Para tal, precisa resgatar a credibilidade, existindo em todos os lugares, no cotidiano, tanto nas mentes quanto nos serviços públicos; precisa despertar entusiasmo, deixando de esnobar este tão legítimo e razoável desejo de amanhãs.

A grande e inestimável lição que nos deixa a sombria e longa travessia do tráfico negreiro e da escravidão é fazer o mundo ser visto em sua pluralidade, de nos convidar a perceber que a única coisa imutável, a única coisa indissolúvel é a alteridade.

Evidentemente, não é simples se familiarizar, se entregar, se expor, se instruir sobre a alteridade.

O chamado Ultramar e as Américas abrigam a experiência contínua e polifônica. A condição da alteridade é a relação, no sentido proposto por Édouard Glissant. Ou seja, um mundo onde deixam de se enfrentar universos justapostos, arraigados nos seus atavismos e em suas certezas, porém ligados por línguas e linguagens que se seduzem e se fecundam. A mundialidade.

A educação, a cultura, a vida social deverão efetivamente se atrelar a esse fato, privilegiando a emulação e a solidariedade, em vez da competição e das rivalidades, e fazendo-se campo fértil para o verdadeiro, o justo, o fraterno.

É a possível promessa, por uma atenção a todos e a cada um, particularmente para as novas gerações que se sentem relegadas aos confins da República, da nova emergência de uma consciência cívica.

Tanto é verdade que o que eu sei não me domina mais.

O tráfico negreiro e a escravidão
em suas verdades

As definições dos dicionários que eu consultei são sumárias. E muito rapidamente elas remetem a outras palavras — cativeiro, servidão, opressão, sujeição —, depois a expressões de uso corrente, como "ser escravo dos seus sentimentos". Não se tem a impressão de que a escravidão seja tão grave!

Por natureza, os dicionários tendem a dar definições concisas. Mais preocupantes me parecem a secura e a neutralidade das enciclopédias. Obviamente, eu desejaria que, por serem consultados mais frequentemente, os dicionários fizessem referência aos eventos históricos. Mas isso significaria que essa parte da história da França não fosse ocultada dos programas escolares. No entanto, o silêncio continua pesado, da escola primária à universidade.

Por que esse silêncio? Vergonha?

Sem dúvida, e até seria bom sinal. Mas não é a principal razão. As conquistas coloniais tiveram como efeito perverso convencer os europeus de que sua civilização é superior às outras. Além disso, os esforços empregados para justificar o tráfico negreiro, a escravidão, a colonização, a pilhagem, o trabalho forçado, o indigenato[1] e outras violências deram frutos...

---

[1] Regime administrativo especial que limitava drasticamente os direitos da população nativa.

Calma aí! Pode explicar?

Comecemos pela escravidão, já que parece mais familiar. As explicações acadêmicas tendem a ser frias, distantes, surdas. Eu proponho que você considere a definição dada pela Convenção Internacional de 1926, adotada pela Liga das Nações e complementada por outra convenção da ONU, em 1956. Você sabe que a Liga das Nações, criada em 1920 para manter a paz depois da Primeira Guerra Mundial, tornou-se a Organização das Nações Unidas em 1946, depois da Segunda Guerra Mundial. Porém, essa convenção é o único texto jurídico internacional que traz uma definição da escravidão, considerada "o estado ou a condição de um indivíduo sobre o qual se exercem, total ou parcialmente, os atributos do direito de propriedade". Essa definição não é especialmente simpática, mas tem o mérito de ser clara. O escravizado é, portanto, um ser humano reduzido ao estado de animal, de móvel, de objeto, de mercadoria. Em suma, propriedade de outro ser humano. Diversas legislações, os chamados códigos negros ou códigos dos escravos, concediam ao senhor o direito de vida e de morte sobre os "seus" escravizados. A Sociedade Antiescravagista de Londres propõe, desde 1973, a seguinte definição para escravo: "Pessoa que, trabalhando para outra, não é livre para recusar seu trabalho, e pessoa que é propriedade de outrem, logo, não tem nem liberdade, nem direitos".

Parece que a escravidão sempre existiu?

É o que ficam repetindo os que querem, de maneira leviana, esvaziar todo o debate sobre a questão. Isso sempre existiu, logo, o que há de mais natural? Saiba que outra coisa sempre existiu: a resistência à escravidão, a revolta contra a injustiça. Em todos os tempos e lugares, existiram homens que colocaram a liberdade, a igualdade e a fraternidade acima das considerações econômicas.

***

Será que você não está idealizando?

De forma alguma. Só um pouquinho...

Você critica as definições por serem muito frias, mas talvez você seja um pouco apaixonada demais pelo tema, não acha?

Eu poderia te lembrar que você é jovem demais para me julgar. Um provérbio guianense ensina que o que você ignora te supera. Que seja. Digamos que sou parcial, no sentido de que tomo partido. Não faço mistério sobre isso. Não me defendo. Não acredito na objetividade quando se trata das sociedades humanas. Rigor e método, sim. Objetividade, não. Eu a deixo para os impostores ou para os tolos felizes. Penso como Marc Augé: uma "representação objetiva do passado não tem sentido, não porque ela não seja possível, mas porque esse passado, quando era presente, não tinha um conteúdo objetivo".[2]

A história das sociedades humanas é uma história de relações de força, representações e crenças. Ela é descrita e restituída por pessoas que não apenas não são neutras, mas, além disso, não escapam totalmente da influência de sua própria cultura, de suas experiências e de sua concepção de mundo. Sempre houve homens para se opor contra injustiças, desigualdades, abusos, crueldades e todos os demais atos desumanos. E, mesmo que eu não tenha uma prova para cada situação, cada momento, cada lugar, tenho na memória inúmeros exemplos de homens que preferiram correr o risco supremo a capitular ou serem simplesmente cúmplices. Isso basta para me convencer de que sempre existiram.

---

2 Marc Augé entrevistado por Antoine Spire, em *Le Monde de l'éducation*, nº 291, abril de 2001.

Você sempre fala dos homens. E as mulheres, elas eram passivas?

Claro que não! Elas sempre participaram das lutas, e de forma admirável. Eu vou contar a você sobre mulheres "verticais" e magistrais. Quando digo "homens", falo sobre a espécie humana, o gênero humano. Incluo aí homens, mulheres, crianças, no que eles têm de irredutível, de invencível, de indomável: sua comum humanidade.

Por fim, a escravidão sempre existiu? Parece que ela remonta à Antiguidade, aos romanos e tudo isso?

Posso falar sobre o que deixou rastros até chegar a nós. Vou contar a você o que sei das diversas formas de escravidão que existiram. Mas, para evitar qualquer ambiguidade, quero primeiro dizer claramente que toda forma de sujeição deve ser abolida. E combatida. O grau de gravidade varia, os tipos de luta também. Mas a reprovação deve ser incondicional. Não há linha de flutuação no que diz respeito à integridade da pessoa humana. A liberdade é inalienável.

Mas, mesmo assim, há muitos países onde os indivíduos não têm todas as liberdades, principalmente em certas tribos. E você que gosta tanto de falar de solidariedade, como faz para separar o grupo do indivíduo?

Para começar, não se trata de ter todas as liberdades. Trata-se de não reconhecer a ninguém, sob nenhum pretexto, o direito de propriedade sobre uma outra pessoa. E no que você chama de tribos, que são, na realidade, comunidades de homens que escolheram regras de vida comum — o que, aliás, também não cabe idealizar —, a liberdade em geral é menos teórica do que nas sociedades em que as liberdades individuais costumam deixar cada um sozinho perante as injustiças e a própria angústia. Entretanto, mesmo as sociedades tradicionais praticaram formas de servidão ou de escravidão.

Quaisquer que sejam as afinidades e a admiração que se possa sentir por uma forma de organização social ou outra, não se pode concordar nem mesmo com uma mínima ideia de opressão. Não se deve desculpá-la de forma alguma. Mas repito que as formas de sujeição não são todas iguais. Algumas são mais alienantes do que outras. Algumas demandam uma resistência mais enérgica do que outras.

Será que, na Antiguidade, os danos da escravidão eram os mesmos que os da escravidão dos negros? Naquela época, as pessoas não conheciam seus direitos: portanto, não poderiam ter sido tão infelizes quanto depois da Declaração dos Direitos do Homem e do Cidadão?

É comum pensar que as pessoas não sofrem do sentimento de privação daquilo que não conhecem. É verdade que, se nunca provamos chocolate, não vamos ter vontade de comer. Mas a liberdade não é um bem qualquer e mesmo as pessoas nascidas na escravidão sofrem da falta de liberdade. O raciocínio sobre o fato de se acostumar à servidão em geral se baseia no exemplo dos animais nascidos em cativeiro. Mas o homem possui algo substancialmente diferente do animal: ele se projeta no futuro. Ele pode se perder mentalmente na representação horrorizada de uma sujeição que duraria toda a sua vida. Além disso, a questão da liberdade não concerne apenas àquele que dela é privado, mas também àquele que goza da liberdade sabendo que o outro não a possui.

Isso quer dizer que não se deve nunca ser privado de liberdade? Então, é preciso abolir as prisões?

Estou falando da privação de liberdade por razões arbitrárias e, muitas vezes, sórdidas: o lucro, o desprezo, o racismo e outros abusos, preconceitos e atrocidades. Quando uma pessoa é privada de liberdade depois de julgamento, se o processo foi equitativo como exige o artigo II da Declaração Universal dos Direitos Humanos, de 1948, não há nada a contestar, a menos que se questione o sistema penal de um determinado país. A prisão é, infelizmente, o meio adotado para punir erros, delitos e crimes nas sociedades contemporâneas. Nas menos violentas delas, eu diria. Refletir sobre a prisão, suas alternativas, a influência que os medos sociais exercem na severidade de alguns julgamentos e sobre o dever público de reinserção do preso na sociedade, em outras palavras, a preparação para a saída etc., deve ser uma exigência permanente. Mas esse debate nos afastaria consideravelmente da nossa discussão sobre a escravidão.

Está certo, minha senhora. E se você me falar, então, sobre a escravidão no tempo dos romanos, árabes, europeus e talvez de outros mais?

É fato que todos nós aprendemos que a escravidão existe desde a Antiguidade. Sabe-se que foi praticada pelos sumérios, assírios, babilônios, egípcios, hebreus e inúmeros povos antigos. Isso foi dois mil anos antes da Era Cristã. O Egito dos faraós escravizava os estrangeiros derrotados. Foi o caso dos núbios ou dos líbios, por exemplo. Na maior parte dos casos, esses escravizados eram destinados às penosas tarefas de construção e de manutenção das cidades, mas também aos trabalhos pesados no campo.

Na conquistadora Grécia e na Roma antiga, os escravizados eram, sobretudo, os guerreiros inimigos derrotados. As mulheres e o resto da população eram considerados butim de guerra ou de pirataria. Mas cidadãos que se endividavam ou infringiam certas leis podiam ser submetidos à escravidão. Porém, essa situação era mais frequente no chamado polo oriental, por oposição ao polo greco-latino, onde as pessoas de raça e de língua helênica eram poupadas. Tudo isso era do agrado de Platão e Aristóteles, pois ambos consideravam que algumas categorias de homens deveriam ser dominadas, a fim de que outras se aprimorassem e colocassem seus talentos a serviço da gestão e da proteção da Cidade. Platão defendia que "toda palavra dirigida a um escravo deve ser uma ordem absoluta". Nessas sociedades de classes, não havia solidariedade entre os homens livres. Assim, os assalariados, os pequenos artesãos independentes e os pobres podiam ter de suportar uma vida material quase tão indigente quanto a dos escravizados. Mas havia uma diferença enorme entre um homem paupérrimo, livre, e um escravizado, mesmo sendo este menos miserável: o primeiro gozava dos direitos de cidadão.

Por outro lado, também não existia unidade no destino dos escravizados. Esses podiam ser escravos domésticos como também condenados às galés, dirigidos às obras públicas, agrícolas ou nas minas. Podiam ser autorizados a exercer um ofício artesanal e a pagar uma renda a seu senhor. Podiam comprar sua liberdade, tornando-se, assim, alforriados. Na Grécia, o escravo alforriado tinha posição semelhante à do meteca, ou seja, do estrangeiro residente no país. Várias funções e alguns ofícios lhe eram proibidos. No entanto, sabe-se que, no final dos anos 400 antes da Era Cristã, a polícia de Estado armada era constituída por escravos citas. Em Roma, o acesso a determinadas funções mantinha-se impossível para um escravo liberto; ele gozava, porém, da totalidade dos direitos cívicos e de uma grande parte dos direitos políticos. Parece até que alguns ex-escravizados, segundo alguns autores, chegaram ao Senado ou fizeram parte do governo.

Então a condição deles não era tão terrível quanto eu imaginava.

É provável que esse também seja o sentimento dos que rejeitam qualquer discussão sobre a escravidão, que é resumida assim: a escravidão sempre existiu e houve casos em que a condição dos escravizados era invejável se comparada a de certos cidadãos livres. É fato que, na Antiguidade, a escravidão médio-oriental, grega e romana previa saídas, através do acesso (ainda que parcial) às prerrogativas de cidadania. Não se deve perder de vista que a escravidão é uma privação de liberdade, arbitrária quando emana de atos de guerra ou de pirataria, e abusiva quando pune dívidas ou alguns tipos de delito. Tampouco se deve esquecer que se trata, no final das contas, de arrancar dos seres humanos sua força de trabalho sem remunerá-los. Por outro lado, essa escravidão de guerra ou de pirataria acabou dando lugar a uma empresa maciça de captura e submissão, motivada pelas conquistas na África, no Oriente, na Gália, na Germânia, nos Bálcãs e estimulada pelo desenvolvimento da agricultura e da pecuária.

Você quer dizer que, além do butim de guerra e de pirataria, iam buscar escravizados intencionalmente para fazê-los trabalhar?

Sim. Uma verdadeira atividade econômica foi organizada, pois os mercados se tornaram não mais ocasionais, mas estáveis e sedentos por mão de obra. Todavia, com a escravidão de massa, desenvolveu-se paralelamente a resistência de massa. Entre as revoltas mais célebres, houve a rebelião comandada por Espártaco, no primeiro século antes da Era Cristã. Espártaco era um pastor, que foi capturado e colocado à força numa escola de gladiadores, da qual escapou. Ele formou um exército, venceu o Império Romano por vários anos antes de ser derrotado por Crasso e crucificado. Esses escravizados revoltosos eram melhores juízes do que qualquer pessoa para saber se sua condição era invejável. Rebelavam-se contra o trabalho concentracionário, contra a crueldade dos senhores, contra a impossibilidade total de retornar a seus países.

Quando você fala de conquista da África, isso também diz respeito aos árabes? Eu li que eles tinham organizado todo um comércio para capturar os africanos.

Exatamente. Esse comércio foi chamado de tráfico árabe--muçulmano. Há países árabes situados no continente africano, ao norte do deserto do Saara. Os países ao sul do Saara, ou subsaarianos, são habitados por negros africanos. Até a colonização, que traçou as fronteiras do continente de acordo com as ambições das potências europeias, as comunidades humanas que ali residiam eram nômades ou seminômades e os conflitos às vezes causavam igualmente a dominação dos vencidos.

Porém, antes e depois da Era Cristã, o continente conheceu civilizações deslumbrantes, reinos prestigiosos, dinastias eruditas. E as mulheres não ficaram atrás. Sei que você leu romances sobre Hatshepsut, rainha do Egito, que estendeu essa primeira grande civilização africana até o Oriente Médio, no norte, e até a Núbia, no sul, durante o século XV a.C. Talvez você tenha ouvido falar das Candaces, as rainhas de Meroé, no sul do Egito, que governaram essa segunda grande civilização africana por sete séculos, a partir do século III a.C. Você seguramente sabe um pouco menos sobre a rainha Amina, que fundou o famoso exército de cavaleiros do reino Hauçá, comandado por ela. Isso foi depois do século XVI d.C. As imperatrizes Helena e Sabla Wangel, no século XVI, salvaram a Etiópia de uma crise que poderia ter sido fatal. A rainha Ginga, de Ndongo, país ao qual os portugueses deram o nome de Angola, era tão altiva, corajosa e poderosa que, conta uma lenda, a cavidade na rocha pré-histórica da fortaleza de Pundu Andango é o seu pé. Ela lutou ferozmente para impedir a penetração portuguesa e a instauração da escravidão no seu reino, já no final do século XVII.

Do século XVII ao século XIX, essas rainhas, essas mulheres brilham e esbravejam, exigentes e exemplares. Às vezes, elas têm um destino trágico, ainda que sempre notável. Dona Béatrice foi queimada viva, com seu bebê nos braços, por ter enfrentado as autoridades congolesas que haviam pactuado com os portugueses e causado pobreza e miséria na população. Mmanthatisi, líder do povo Soto, conteve o avanço dos bôeres do cabo da Boa Esperança para o norte; ela salvou seu reino no tempo das grandes turbulências na África do Sul, no início do esplendor de Shaka, imperador zulu. Ranavalona I repeliu a colonização europeia de Madagascar, e a impediu de avançar até a sua morte, em 1861. Muganzirwazza liderou a resistência do reino de Uganda até o massacre de suas tropas, encurraladas entre os negreiros árabes e o seu rival Mutesa, armado e corrompido pelos invasores. Yaa Asantewaa tornou invencível o Império Ashanti, de Gana, diante das tentativas britânicas de penetração na África Ocidental. Nehanda impulsionou e comandou a primeira guerra de resistência e independência do Zimbábue; ela foi considerada um dos eminentes espíritos do Leão dos Xona, tão grande era a sua projeção. Foi enforcada depois da vitória dos britânicos, que não hesitaram em usar dinamite para vencer a rebelião do povo Xona.

Puxa! A gente sente orgulho de ser mulher!

Não é mesmo? E você ficará ainda mais orgulhosa depois de ler as obras de Cheikh Anta Diop, principalmente *Nations nègres et culture* [Nações negras e cultura]. Você ficará orgulhosa de sua feminilidade, de sua identidade, de sua humanidade. E quando você se confrontar com carências inexplicáveis, com vazios incompreensíveis, com uma estranha sensação de oco nessa longa genealogia gloriosa, lembre-se dos versos de Derek Walcott, que evocam que o oceano foi, durante as funestas travessias, a angustiante *middle passage*, um ensurdecedor cemitério.

Where are your monuments, your battles, martyrs?
Where is your tribal memory? Sirs,
in that gray vault. The sea. The sea
has locked them up. The sea is History[3]

Neles, efetivamente se encontra uma parte dos mistérios da longa noite dessa interminável opressão.

E o tráfico árabe-muçulmano, então...

Então, como você diz, esse tráfico chamado árabe-muçulmano, ou árabe-islâmico, que foi na realidade um negócio de comerciantes árabes, pois se trata de comércio, e não de religião, foi exercido em prejuízo dos povos da África subsaariana; deixou rastros que remontam ao terceiro milênio a.C. Esses rastros se multiplicam a partir do Novo Império, de 1580 a 1085 a.C. Acredita-se que tenha sido esporádico. Parece-me interessante assinalar alguns episódios inesperados. Demonstram não somente que as vítimas desse tráfico e dessa escravidão nunca se submeteram, como ainda contavam entre elas líderes capazes de dominar o mundo, se tal tivesse a sua filosofia.

Durante setenta anos, entre os séculos VIII e VII antes da Era Cristã, a 25ª dinastia, conhecida como dinastia sudanesa, reinou no Egito. Não raro aconteceu de escravizados, arregimentados no Exército, se comportarem tão bravamente que suas epopeias alimentaram muitas lendas. Em 869 d.C., diante de uma insurreição de escravizados extremamente organizada e imponente, o Império Abássida precisou mobilizar todas as suas forças armadas, que sofreram um massacre monumental. No século XI, um escravo liberto conduziu um golpe de

---

3 "The Sea is History", poema extraído de *The Star-Apple Kingdom*, 1979. [Em português: "Onde estão vossos monumentos, vossas batalhas, mártires?/ Onde está vossa memória tribal? Senhores,/ nesta cinzenta sepultura. O mar. O mar/ os trancou. O mar é História". (N. T.)]

Estado no Iêmen. Instaurou-se ali uma dinastia que durou um século e meio. Na realidade, segundo os arquivos, o comércio transaariano parece ter sido praticado de forma significativa a partir do século VII. Entre as bases desse comércio, encontram-se acordos, como o tratado estabelecido em 652 com a Núbia cristianizada. O Magrebe, Roma e a Grécia estavam envolvidos. Esse tráfico de africanos — homens, mulheres e crianças —, realizado pelos comerciantes árabes, prendia-se ao comércio de ouro, marfim, âmbar-gris e animais selvagens. É um tráfico de seres humanos. Não é mais desculpável do que os outros, não obstante as reviravoltas de situação que eu evoquei.

Se bem compreendi, tem sempre uma razão econômica?
Parece dominante, efetivamente. Todos os outros motivos invocados para justificar essa prática mais parecem lamentáveis pretextos. O tráfico de seres humanos anterior às conquistas coloniais europeias passa pela via transaariana, pelo Chifre da África, pelas costas do oceano Índico, pelas rotas da Índia, da Malásia, da Insulíndia. Ele serve às mais diversas atividades econômicas. Abastece a indústria do sal, fornece braços para a agricultura mesopotâmica, a cultura de ostras perlíferas no Mar Vermelho, as plantações de palmeiras, a construção de redes de irrigação, a mineração de ouro e de pedras preciosas e a cultura da cana-de-açúcar no Marrocos e em Portugal. Providencia tropas e mão de obra gratuita, arregimentadas para a penetração no sul da África até as jazidas auríferas de Monomotapa, e para a busca de especiarias.

Depois da queda de Constantinopla, tomada pelos turcos em 1453, os dados geopolíticos são profundamente modificados. As rivalidades entre o sul da Europa e as regências da África do Norte se intensificam. Com o impulso do progresso tecnológico e da modernização da navegação, o tráfico negreiro amplia-se consideravelmente, envolvendo cada vez mais as potências europeias, sangrando a África Negra e arrastando as Américas, o Caribe e o oceano Índico numa cadeia de tragédias humanas que durou mais de quatro séculos.

Mais de quatrocentos anos! Por razões econômicas!

Na realidade, para a África, vítima desde o tráfico árabe até o tráfico europeu, são milênios de desgraça, com intensidades variáveis por período. O comércio de escravizados perpetrado pelos europeus representa uma guinada por sua natureza, duração e modo como é concebido e administrado, sua legitimação. Até então, o tráfico negreiro se efetuava por via terrestre e a escravidão era principalmente reservada aos inimigos vencidos, fora as expedições predadoras. Era uma questão de força. O procedimento era selvagem. A partir daí, teorias, doutrinas e códigos passam a dar sustentação a essas práticas. Esses quatrocentos anos começam com a expedição dos portugueses, que atingem o cabo Bojador, ou "Cabo do Medo", em 1434. As primeiras capturas conhecidas remontam a 1441, no Rio do Ouro. E, em 1454, o Papa Nicolau V legitima o comércio desses seres humanos qualificados como "madeira de ébano" em sua bula *Romanus Pontifex*, por meio da qual ele concede permissão ao rei de Portugal, Afonso V.

Depois dos muçulmanos, os cristãos?

Sim, os cristãos. Eles convenceram os pombeiros, como eram chamados os mercadores de escravizados na África, de que o tráfico negreiro e a escravidão dos africanos procediam do cumprimento de profecias contidas nas Santas Escrituras. Foi para isso que serviu a maldição de Cam.

A maldição de Cam? Quem era Cam?

Vou contar a você a história que está em traduções, aliás contestadas, do Antigo Testamento. Noé, o patriarca a quem o Senhor havia permitido construir uma arca antes do dilúvio para salvar sua família e concedido um par de cada espécie animal, bem como vegetais, tinha três filhos: Cam, Sem e Jafé. Um dia, Noé, que depois do dilúvio passou do nomadismo à agricultura, abusou do suco da videira e embriagou-se. Tirou a roupa e adormeceu em sua tenda. Cam achou isso muito engraçado e caçoou de Noé. Sem e Jafé, com respeito e pudor, pegaram uma capa e, andando de costas para evitar de ver a nudez do pai, o cobriram. Ao despertar, Noé soube o que acontecera, provavelmente por Sem ou Jafé. Ao que parece, ele foi tomado por uma fúria indescritível. Amaldiçoou seu filho Cam e condenou seus descendentes a servirem eternamente como escravizados aos descendentes de seus irmãos. Entre os quatro filhos de Cam, ele não puniu Cushe, ancestral dos etíopes, Mizraim, ancestral dos egípcios, e Pute, ancestral dos árabes e dos líbios. Noé preferiu deixar que pesasse sobre Canaã uma maldição que perseguiria sua descendência eternamente.

Mas isso é impiedoso!

E não é pouco! Mas vamos examinar as coisas serenamente, se é que tal advérbio é adequado. Todas as explicações sobre o universo e sobre o homem me parecem merecer respeito, a partir do momento em que são construídas com base num sistema coerente que permite elucidar os grandes momentos da história e os grandes eventos naturais, e que participe da originalidade cultural e da coesão social. E desde que não incluam nem racismo, nem intolerância. Do contrário, o verme está dentro do fruto!

Tomemos o caso da França. País dos direitos do homem e das liberdades foi, no entanto, em volume de tráfico, a terceira potência negreira mundial. Abade Grégoire[4] proclamava, além do mais, que "a escravidão avilta o senhor e o escravo". Frantz Fanon[5] e Albert Memmi[6] demonstraram que os efeitos perversos do colonialismo afetam o colonizado e o colonizador.[7] Um autor americano desenvolveu uma tese segundo a qual o homem branco começou a bater em sua esposa pelo fato de ter se habituado a usar de violência contra as mulheres, estuprando escravizadas negras. Isso parece especioso. Mas vai saber?

Vamos voltar à sua história de Cam e Noé, se não se importa...

Encontra-se exatamente na Bíblia de Jerusalém, nos capítulos 9 e 10 do livro do Gênesis. Esse mito foi objeto de várias exegeses e as mais acessíveis aparecem nos dicionários da Bíblia. Não arregale os olhos. Procure a palavra "exegese" no seu dicionário. Eu te espero... Então, essas interpretações elaboradas para instruir os profanos que somos não indicam que parte

---

4 Abade Grégoire (1750-1831): eclesiástico e político francês, defensor da emancipação dos judeus durante a Revolução Francesa. Ele esteve na origem do primeiro decreto de abolição da escravidão (1794). **5** Frantz Fanon (nascido em Fort-de-France em 1925, morto nos Estados Unidos em 1961): psiquiatra, escritor, favorável à Revolução Argelina, autor de *Pele negra, máscaras brancas* (1952), *Os condenados da terra* (1961), com prefácio de Jean-Paul Sartre, e de *Por uma revolução africana* (1964). Médico-chefe do hospital psiquiátrico de Blida, ele observou os transtornos ligados à situação colonial e estabeleceu um paralelo entre os sofrimentos dos doentes e a situação dos colonizados. **6** Albert Memmi (1920-2020): escritor francês de origem tunisiana, autor de *A estátua de sal* (1953, prefácio de Albert Camus), que analisou os mecanismos do racismo e da colonização de um ponto de vista sociológico. Autor de *Retrato do colonizado precedido do retrato do colonizador* (1957). **7** Aimé Césaire, no *Discurso sobre o colonialismo* (1955), escreveu: "[...] a colonização age para descivilizar o colonizador, para embrutecê-lo na real acepção da palavra, para degradá-lo, para despertá-lo para os instintos subterrâneos, para a cobiça, a violência, o ódio racial, o relativismo moral [...]." [Ed. bras.: José Fernando Peixoto de Azevedo (Org.), *Aimé Césaire: textos escolhidos: a tragédia do rei Christophe; discurso sobre o colonialismo; discurso sobre a negritude*. Trad. de Sebastião Nascimento. Rio de Janeiro: Cobogó, 2022. (N.T.)]

do mundo daquela época representava Canaã. Entretanto, alguns estudiosos especificam que Cam é uma palavra de origem hebraica que significa "ser quente" e "ser negro".

Você está querendo me dizer que Noé, o único homem que Deus julgou digno de ser salvo antes do Dilúvio, era mau e injusto assim?

Olhe, por enquanto, vamos deixar Deus fora disso. Você fala de injustiça, então está vendo agora que é preciso dissecar essa história e dela tirar a moral. Vamos voltar ao começo.

Noé, então, estava bêbado. E como se esse mau exemplo não bastasse, ele recompensa a delação de Sem e Jafé, em vez de deixá-los comendo pão seco e água ou de lhes dar o dobro da superfície do campo a ser preparado para plantar novas uvas.

Bem visto.

E, além disso, ele condena inocentes!

Sem redenção.

Redenção?

Sim, a possibilidade de se redimir. O fim da punição. A esperança de um alívio. Eis uma história que não dá o menor lugar nem para a fraternidade, nem para o amor, nem para a clemência, nem mesmo para a caridade. E é com base no pretenso fundamento dessa história que o tráfico negreiro e a escravidão, infligidos a milhões de homens, mulheres e crianças, puderam ser perpetrados na indiferença, quase sempre com a cumplicidade e inclusive com as bênçãos ou sob autoridade de generosos fundadores de ordens missionárias. Eles proclamavam que a Europa tinha como nobre missão garantir a salvação da alma dos desafortunados filhos da África afetados pela maldição.

***

É um absurdo! Quem acreditaria nisso? Em todo caso, é um erro grave. De que religião se tratava, exatamente? Era a religião católica?

Entenda o seguinte: elas se acusam mutuamente. Entre os autores católicos, o padre Pierre Charles,[8] num livro escrito em 1928, acusa os protestantes, afirmando que, até a Revolução Francesa, que marcou a ruptura do ensino católico tradicional, "o negro era respeitado". Raoul Allier,[9] professor protestante, explica que essa interpretação do Livro se deve a especulações rabínicas que datam do século III ao século V, segundo as quais Cam teria desonrado Noé na arca, da qual saíra transformado em negro. Tal inépcia faria rir, se não tivesse acobertado tantas atrocidades e provocado tantas tragédias. Parece que essa falácia ganhou mais força no século XVI. Bem mais tarde, em 1870, foi realizado um concílio — ou seja, uma assembleia de bispos —, o Concílio Vaticano I. Nele, os participantes pretendiam pedir que a Santa Sé interviesse em nome dos negros para apressar o fim da maldição que pesava sobre eles. Essa demanda nem sequer foi examinada, a guerra de 1870 e a luta pela unidade italiana ocupavam as mentes com assuntos mais "urgentes". Outros autores, igualmente constrangidos, explicam que Noé não amaldiçoou os descendentes de Cam, mas simplesmente previu a escravidão que recairia sobre eles. Assim, que não se tratava de uma maldição, mas de uma profecia.

Isso dá no mesmo, não? Se é por conta do destino, então é por conta de Deus?

É verdade que todas essas esquivas e rodeios não bastam para apagar totalmente o enunciado do texto bíblico que anuncia que a descendência do filho maldito será condenada à escravidão: *servus servorum.* Mesmo se alguém ali tivesse acrescentado essa

---

8 Citado por Alphonse Quenum, em *Les Églises chrétiennes et la Traite atlantique Du XVe au XIXe siècles.* Paris: Éditions Karthala, 1993.   **9** Citado por Alphonse Quenum, op. cit.

infâmia, designando a "raça" negra, seria insuportável, quaisquer que fossem os homens condenados. Enfim, que religião pode concordar com tais preceitos?

Mas o conhecimento está progredindo, as ciências se libertaram de sua dependência em relação às teses religiosas, a física moderna se emancipou da metafísica, e tudo isso, afinal, é muito estimulante. Algumas religiões afirmam que a totalidade do conhecimento científico está estabelecida no Livro Sagrado, que, por exemplo, está escrito que a Terra está suspensa no Universo. Isso muito antes das intuições e cálculos de Copérnico, Kepler, Galileu, Fernão de Magalhães...

Todo mundo sempre tem razão. Como se situar nisso tudo?

Interessando-se por esse saber e por esses conhecimentos que, em todas as latitudes, os homens acumulam. Por meio das ciências exatas, mas também das ciências humanas, das ciências sociais, da filosofia. Guarde, entretanto, este apotegma de Rabelais: "Ciência sem consciência é apenas ruína da alma". Da mesma forma que o mero recurso à narração do mundo pelos livros sagrados leva ao obscurantismo, a veneração exclusiva dos dados materiais, que é em si uma idolatria, pode levar à aridez mecânica de monstros frios. É uma alquimia a ser construída dentro de você. Não tomando partido. Os conflitos entre a Igreja e os cientistas foram frequentemente por poder. Há muitas questões em jogo no próprio conhecimento e na disseminação dele. Sejam seculares ou religiosas, as instituições são comandadas por homens. É preciso lutar para ter acesso ao conhecimento e, ao mesmo tempo, ser lúcido, permanecer livre graças à dúvida e abrir espaço para as éticas subjacentes a determinados saberes, determinadas técnicas. Melhor dizendo, devemos nos perguntar se podemos, sem entraves, dispor de tudo o que conhecemos e se temos o direito de fazer tudo o que sabemos fazer. Os debates sobre a clonagem humana estão levando essa questão ao paroxismo. O homem pode criticar Deus o quanto quiser. O pior é ele pensar que é Deus.

Com todos esses casos que não param de gerar debates, entre pedocriminalidade e genocídio de Ruanda, nem sempre sabemos qual o nível de responsabilidade e envolvimento da Igreja quando os padres fazem coisas contrárias à moral e à palavra de Cristo. Ao menos foi o que aprendi no catecismo.

Nos casos que você menciona, a justiça terá que esclarecer as responsabilidades de cada um. Já sabemos que um silêncio culpado por parte das autoridades eclesiásticas permitiu que esses padres martirizassem crianças vulneráveis e, quem sabe, acreditassem na impunidade. De minha parte, acredito que esses atos constituem pedocriminalidade, pois não há amor algum em trair a confiança e roubar a inocência das crianças. No caso de crianças vítimas de violências sexuais, como na escravidão, a responsabilidade da Igreja varia conforme o período, mas, em várias circunstâncias, foi indiscutível.

Em Ruanda, o preço do genocídio e os traumas sofridos são incalculáveis. Felizmente, a justiça começa a ser feita, com os tribunais Gacaca — que se pronuncia *gatchatcha* na língua quiniaruanda, uma versão local da Comissão da Verdade e Reconciliação de Nelson Mandela e Desmond Tutu na África do Sul —, e também na França, onde se refugiaram ruandeses suspeitos de terem participado do genocídio. Uma primeira condenação aconteceu vinte anos depois. Demorou, mas foi um acontecimento encorajador: um não à impunidade.

Você se lembra da bula *Romanus Pontifex*, de 8 de janeiro de 1454, do Papa Nicolau V. Foi bem antes! Pois bem, uma bula papal engaja a mais alta autoridade da Igreja, e isso é importante, pois os reinos da Europa reconhecem a supremacia papal. Mais tarde, a bula *Inter Caetera*, de 3 de maio de 1493, do Papa Alexandre VI, introduziu nas Américas uma linha de demarcação favorável aos reis católicos da Espanha. Os portugueses, até então privilegiados por Nicolau V e Calisto III, preocupados em escapar dos impostos reais que beneficiavam o reino rival da Espanha, protestam contra esse monopólio ibérico. O tratado, assinado em 7 de junho de 1494 entre portugueses e espanhóis em Tordesilhas, na Espanha, deslocou a linha divisória ao conceder a Portugal a América Oriental e as ilhas de Cabo Verde à África Ocidental. Os ingleses, envolvidos com a Reforma — você sabe, aquele movimento religioso de protesto que deu origem ao protestantismo —, insurgem-se questionando a autoridade pontifical.

Quanto aos franceses, pela voz de Francisco I, perguntaram "que cláusula do testamento de Adão deixou o reino da França fora da divisão do mundo". A partir de meados do século XVI, o tráfico de escravizados se inscreve numa prática comercial comum e sistemática em relação à competição econômica internacional entre várias potências europeias: além de Espanha e Portugal, principalmente Inglaterra, França, Holanda, Dinamarca e inclusive a Suécia.

Inúmeras outras bulas papais envolveram a Igreja na divisão das conquistas coloniais. A instituição teve papel decisivo no acerto das rivalidades existentes entre potências europeias, porém se mostrou indiferente ao destino dos escravizados. Nas Epístolas de São Paulo, a carta a Filêmon exorta esse mestre a tratar mais fraternalmente a Onésimo, que fugiu e se converteu ao cristianismo, ainda como escravizado. Diversos outros versículos exortam os escravizados a uma submissão religiosa em relação ao mestre. Santo Agostinho apresenta a escravidão como consequência do pecado.

E nem um papa se compadeceu diante do que se apresentava no horizonte?

Não. Porém, veja que em sua bula *Sublimis Deus*, de 9 de junho de 1537, o Papa Paulo III condena a escravidão sem ambiguidade, da mesma forma que havia condenado a escravidão dos povos indígenas em sua carta *Veritas Ipsa*, de 2 de junho do mesmo ano. No entanto, alguns comentadores (os nossos famosos exegetas) dizem que ele fala de "qualquer outro povo que pudesse ser descoberto", sem nunca nomear os "negros", como eram então chamados, embora houvesse escravizados africanos na Espanha naquela época. Logo, esses "outros povos" faziam referência apenas a outros ameríndios. Esse comentário é plausível, visto que, no mesmo período, Bartolomeu de Las Casas, que havia partido a fim de fazer fortuna nas Américas, converteu-se, tornou-se padre dominicano e engajou-se na defesa dos ameríndios. Só que ele defendia que "os indígenas fossem libertados da escravidão" e substituídos por africanos "mais robustos". Os mesmos exegetas dizem que Las Casas tinha influência na corte da Espanha, logo, nos círculos próximos do papa. Isso aconteceu alguns anos antes da Controvérsia de Valladolid, que, de agosto de 1550 a maio de 1551, opôs Las Casas e Ginés de Sepúlveda, grande defensor da aventura colonial, que invocava a concepção aristotélica de escravidão "natural". Querelavam-se para saber se os índios tinham alma e mereceriam, como tal, ser poupados da escravidão. A Espanha andava em pleno furor pela evangelização católica. No entanto, o assunto corrente era menos a salvação das almas do que a produtividade dos engenhos de açúcar.

E não há pelo menos um deles que, sem ambiguidade, como você gosta de dizer, não foi solidário com essa infâmia?

Tem, na verdade. Tomás de Mercado, um padre dominicano que, num livro publicado em 1571, diz claramente que o comércio de escravizados é contrário às regras justas do comércio e aos princípios da humanidade. Ele então denunciava o tráfico negreiro, mas aceitava a escravidão. Um jurista secular, Bartolomeu de Albornoz, publica uma obra em 1573, na qual rejeita claramente o pretexto da religião e sustenta que era melhor ser "escravos e cristãos do que livres e ignorar a lei de Deus". Afirma, ainda, que a lei de Cristo não pode "ensinar que a liberdade da alma deva ser paga com a servidão do corpo". Seu livro foi proibido pelo Santo Ofício. Para nosso maior conforto e felicidade, Louis Sala-Molins trouxe à tona duas figuras magníficas, dois capuchinhos. Francisco José de Jaca[10] e Epifanio de Moirans,[11] jovens sacerdotes de 27 e 32 anos, respectivamente, um enviado a Caracas, o outro, a Caiena, onde nunca chegou, vão pregar e denunciar essas práticas, referindo-se tanto à religião cristã quanto ao direito, em nome dos "direitos humanos" e da "luz da razão".[12] Quanto à primeira posição oficial tomada pela Igreja contra a escravidão, estaria contida em uma carta de Pio VII ao rei da França, datada de 20 de setembro de 1814; ela estipula que é proibido considerar o tráfico negreiro como permitido. Tal postura não significou um grande avanço em relação às autoridades laicas, uma vez que o Congresso de Viena se pronuncia alguns meses depois, em 8 de fevereiro de 1815, no intuito de proibir o comércio dos negros tido como "repugnante ao princípio da humanidade e da moralidade universal". Mas a escravidão continuou sendo permitida.

Mas como pode eles distinguirem tão facilmente entre tráfico negreiro e escravidão? Como rejeitar um e aceitar a outra?

É preciso notar que o tráfico negreiro e a escravidão só ficaram tão ligados entre si no caso da escravidão negra promovida pelos Estados, armadores e negociantes europeus. No tráfico praticado pelos comerciantes árabes, o reservatório de

---

10 Aragonês, viveu de 1645 a 1690. 11 Oriundo da região do Jura, viveu de 1654 a 1698. 12 Louis Sala-Molins, *Esclavage réparation. Les lumières des capucins et les leurs des pharisiens*, Nouvelles Éditions Lignes, 2014.

escravizados já era a África subsaariana, logo a África negra, mas aconteceu de outras populações — árabes, europeias, eslavas, albanesas, mouras, gregas — terem sido reduzidas à escravidão por dívidas ou derrotas em guerras. Com as conquistas europeias, já a partir de 1416, talvez antes, começa o tráfico de escravos, em duas sequências distintas, cada uma constituindo uma atividade em si, com lógica e processo próprios. Justificativas de toda sorte explicam por que os negros foram predestinados a suportar esse comércio inqualificável. Os ameríndios foram escravizados sem tráfico e foram vítimas de um genocídio que os fez passar de 11 milhões em 1519 para 2,5 milhões no final do século XVI, isso só na América Central. Você lembra que a escravidão dos ameríndios foi objeto da Controvérsia de Valladolid. É provável que a existência da escravidão desde a Antiguidade, as inúmeras referências bíblicas que justificavam tal prática e as declarações de pensadores como Platão e Aristóteles tenham deixado a Europa de consciência tranquila. Os mais ousados condenavam o tráfico negreiro, ao mesmo tempo que admitiam a escravidão. Para dizer a verdade, não tenho uma explicação satisfatória. E é bom que eu não compreenda todos os estratagemas contidos nesses raciocínios declamatórios. Além disso, acho que mesmo se eu os compreendesse, não comentaria com você. Acredito sinceramente ser uma escolha ética, um ato de resistência sadio e salutar a recusa de se perder na explicação de atos monstruosos. Podemos explorar os mecanismos que levam a isso, para fortalecer a vigilância. Mas, acima de tudo, repito, acima de tudo, não correr o risco, por meio de interpretações capciosas, de deixar que se infiltre no humano o que é absolutamente desumano.

E isso, os filósofos souberam dizer isso pelo menos?

Nem todos, e nem sempre. O grande Hegel, filósofo alemão do início do século XIX, cujas virtudes são louvadas no último ano do ensino médio na França pelo que ele traz para a análise do real e do racional, também afirmou que, "durante todo o tempo em que temos observado o homem africano, nós o vemos em estado de selvageria e barbárie [...]. Não se encontra nada em seu caráter que se enquadre no humano".[13]

Que coisa espantosa! Eu tinha ouvido falar sobre o engajamento dos filósofos com a causa da abolição da escravatura. Não imaginava que alguém pudesse ser filósofo e ao mesmo tempo ter tais preconceitos!

Infelizmente, minha querida, quase todas as disciplinas têm algo de que se envergonhar sobre esse assunto. A antropologia, ciência humana que supostamente estuda o que há de comum em todos os homens, não conseguiu ver que as teses do conde Arthur de Gobineau[14] sobre a "desigualdade das raças humanas" eram contrárias à sua própria essência. A etnologia, ciência humana que deveria levantar as razões que ditam os diferentes comportamentos dos homens de acordo com sua cultura, preferiu não ver as incongruências nas propostas de Bartolomeu de Las Casas, bispo andaluz da Ordem Dominicana. Para proteger os povos indígenas aos quais se apegou, garantiu que, apesar de suas práticas animistas, eles tinham uma alma e que finalmente adoravam o mesmo Deus dos cristãos, o que os dispensava da escravização. Porém, com o mesmo fervor afirmava que os africanos, também adeptos de práticas animistas, não tinham alma e, sendo mais robustos, dariam uma excelente mão de obra gratuita, escravizada e brutalizada para cultivar as plantations e trabalhar nas minas de ouro e prata.

Ele não usou exatamente essas palavras, mas a violência do sistema escravista que já dizimava os ameríndios não lhe escapou, pois ele tentou protegê-los disso. Ele propôs, no entanto,

---

13 G. W. H. Hegel, *La Raison dans l'Histoire*, 1822-1830.   **14** Arthur de Gobineau, *Essai sur l'inégalité des races humaines*, 1853-1855.

incluir o trauma do tráfico, incentivando a deportação de africanos de seu continente para as Américas, apesar das más condições de navegação da época.

E ele sabia disso tudo?

Sem dúvida. Aliás, parece que ele se arrependeu antes de morrer. Veja, são os valores que escolhemos como base de nossa vida que servem de baluarte, preservando-nos de qualquer cumplicidade e complacência em relação a práticas desumanas. Quando se pensa que todos os homens são iguais, não concordamos, sob nenhum pretexto, com atos que ponham em risco essa convicção, impondo ou permitindo que seja infligido a uma categoria de homens o que se considera inaceitável para os outros e para si.

A ciência não era desenvolvida o bastante naquela época para esclarecer toda essa gente?

A ciência também tinha suas laranjas podres. Não faz muito tempo, três quartos de século, que sabemos que os verdadeiros marcadores de diferença entre os homens estão nos genes e não na cor da pele: uma pessoa negra e uma pessoa branca não são necessariamente mais diferentes entre si do que duas pessoas negras ou duas pessoas brancas. É verdade que a própria ciência reconhecia várias raças. Houve até um tempo em que se contavam trinta e duas, sendo a última a "raça dos ímpios". Há, porém, um fosso entre a observação e a explicação, mesmo errônea, dessas diferenças, por um lado, e, por outro, seu uso para fins de dominação, exploração e destruição. No entanto, houve cientistas, como o dr. Camper,[15] que afirmaram, com base em trabalhos difusos sobre o ângulo facial, que a "raça negra" era muito inferior à "raça branca". Outro, o naturalista

---

15 Petrus Camper (1722-1789): médico, naturalista e biólogo holandês.

Cornelius van Pauw, ainda no século XVIII, afirmou que os homens são de igual qualidade, qualquer que seja a raça a que pertençam, mas não demorou a acrescentar imediatamente, como o naturalista Buffon, que em regiões quentes as capacidades intelectuais são alteradas. Ele asseverou: "O verdadeiro país onde sua [do homem] espécie sempre teve sucesso e prosperou é a zona temperada setentrional de nosso hemisfério; é o centro de seu poder, sua grandeza e sua glória. Sob o equador, a cor de sua pele queima e escurece; os traços de sua fisionomia desfigurada revoltam por sua aspereza. O fogo do clima abrevia o fim de seus dias e, aumentando o ardor de suas paixões, estreita a esfera de sua alma: ele se mostra incapaz de governar a si mesmo e não sai da infância. Em uma palavra, ele se torna um negro, e esse negro se torna escravo dos escravos".[16]

Os escravizados estavam cercados!

Você tem razão, foi um verdadeiro cerco. Eles não podiam pedir auxílio a ninguém. Eles não podiam se refugiar em lugar nenhum. A Igreja os havia proscrito, banido, da comunidade dos homens. Especialistas deram argumentos aos traficantes de escravizados para lhes tranquilizar a consciência. E o Estado orquestrou esse comércio rentável.

Você disse o Estado?

Sim, o Estado. Ele era o proprietário das plantations do governo e tinha imensos canaviais, nos quais trabalhavam os escravizados. As autoridades francesas, espanholas, portuguesas e inglesas criaram empresas nacionais, ou seja, empresas públicas que detinham o monopólio desse comércio. Você já deve ter lido alguma coisa sobre a Companhia das Índias Ocidentais, a

---

16 Cornelius van Pauw, *Recherches philosophiques sur les Américains, Mémoires intéressants pour servir à l'histoire de l'espèce humaine*, tomo II, 1772.

Companhia da África Equatorial etc. Esse monopólio durou até 1716 na França, quando as cartas patentes emitidas pelo reino abriram esse comércio a empresas privadas. O Estado não abriu mão de tudo, cobrava impostos sobre a tonelagem dos navios que realizavam o comércio triangular. Esses navios deixavam os portos atlânticos, franceses, ingleses, espanhóis e portugueses carregados com diversas mercadorias, bugigangas, tecidos e armas. Sim, desembarcavam na África, nos portos onde estavam situados os entrepostos das companhias de tráfico. Ali trocavam sua carga por escravizados — homens, mulheres e crianças. As adolescentes eram frequentemente estupradas. Isso foi chamado de "desatracar". Os traficantes sentiam prazer e, além disso, ficavam mais ricos, porque a criança nascida desse estupro também era vendida como escravizada. Faziam cálculos para colocar o maior número possível de escravizados nos porões dos navios. Como sardinhas em lata. Medo, fome, frio, calor, sujeira, castigos, nada lhes era poupado. Quando chegavam às Américas, eram vendidos. Raramente em lotes. Quase nunca com a família. A mãe para um senhor, seus filhos em geral para compradores diferentes. Os navios, com seus porões carregados com ouro, prata, especiarias, açúcar, tabaco e algodão, voltavam para a Europa. Esse é o comércio triangular: da Europa, os navios saíam carregados de barras de ferro, armas, peças de tecido, várias bugigangas; da África, de escravizados; da América, com carregamentos de café, cacau, minerais preciosos e especiarias; e, então, retornavam para a Europa.

Tudo isso pensando no lucro?

Exatamente. Foi um negócio lucrativo. Os livros dos comerciantes, bem como as suas correspondências mostram que, tendo em conta os riscos da navegação e das vicissitudes de tal negócio, a rentabilidade precisava ser vultosa. Eram muitas pessoas investindo nesse negócio em detrimento de outros, incluindo investimentos bem menos arriscados. Esse comércio arrecadava receitas diversas para o caixa do Estado. Este recebia dividendos das companhias de afretamento ou da concessão de privilégios. Ainda recebia a renda de plantations pertencentes ao Estado. A este retornavam as receitas provenientes de licenças de armamento, taxas de carga, imposto sobre alforria dos escravizados que compravam sua liberdade. Era um verdadeiro sistema econômico com circuitos de redistribuição. Por exemplo, o Estado concedia também isenções e exonerações fiscais para estimular a participação da iniciativa privada no tráfico negreiro e pagava ao clero um subsídio per capita para cada adulto, criança ou bebê batizado. O clero não se incomodava em realizar batismos coletivos. Assim, o Estado transferia para a Igreja o controle das consciências, o clero assumia a tarefa de zelar pela submissão e docilidade dos escravizados, prometendo-lhes o paraíso celestial em troca da paciência durante seu inferno na Terra.

Você não pode imaginar o número de cidades portuárias europeias que floresceram graças ao comércio de escravizados. Lisboa, em Portugal; Liverpool, Londres e Bristol, na Inglaterra; Glasgow, na Escócia; Dublin, na Irlanda; Nantes, Bordeaux, Rouen, Le Havre, La Rochelle e Saint-Malo, na França; Amsterdam e Roterdam, na Holanda; Lohr, Hamburgo e Glückstadt, na Alemanha. Todas essas cidades pertencem à Europa Atlântica.

Quantos portos e cidades! Eu sabia de Nantes, mas só!

Sem dúvida porque Nantes foi responsável por 40% do comércio de escravizados. Mas também provavelmente porque foi a primeira das cidades portuárias francesas a encarar seu passado de frente. Graças à curiosidade e à probidade intelectual de pesquisadores, docentes e estudantes, ao dinamismo de algumas associações e, por fim, à coragem e à grandeza de alma do seu prefeito. Assim, em 1992, nos quinhentos anos da chegada de Cristóvão Colombo às Américas, a cidade lançou o projeto "os anéis da memória", com o duplo simbolismo da corrente que trava e do anel que faz a relação, o elo da solidariedade.

Antes do tráfico negreiro, as cidades portuárias eram pobres?

A maioria delas ia sobrevivendo graças a uma economia agrícola ou muito artesanal. As cidades mais prósperas estavam localizadas na costa mediterrânea. O comércio de escravizados foi um bálsamo para o capitalismo europeu, que buscava mercados fora da Europa. Ele mudou o centro nervoso das atividades econômicas do Mediterrâneo para o Atlântico.

A França se beneficiou amplamente com isso, mas não foi a única. A Espanha, que de início, favorecida pela Igreja, detinha privilégios e um quase monopólio nesse tráfico marítimo, decidiu vender seus direitos na forma de *asientos*. O *asiento* que, você sabe, em espanhol significa...

Registro, contrato, tratado, direito à...

Exato. O *asiento* era uma espécie de licença, uma autorização oficial que concedia direitos de realizar o tráfico. Serviu como título de comércio internacional. A Espanha os distribuiu a flamengos, genoveses, portugueses, franceses e ingleses entre 1532 e 1759, o que lhe gerou enormes receitas fiscais. E o tráfico, na realidade, foi ainda mais volumoso por causa do contrabando. Os *asientos* só foram cancelados em 1817, quando a Espanha ratificou o tratado de proibição do tráfico negreiro adotado no Congresso de Viena, em 8 de fevereiro de 1815. A mesma coisa também foi feita por Portugal e pela França.

Enfim, tudo terminou!

Infelizmente, não, apenas o tráfico foi proibido. A escravidão, não.

***

Mesmo pelos laicos?

Mesmo pelos laicos, como você diz. E você tem razão de fazer essa distinção, porque a concordata assinada em 1801, ou seja, catorze anos antes, entre Napoleão e o Papa Pio VII, restabelecia "relações normais entre a Igreja e o Estado após a Revolução". Quanto ao Congresso de Viena, você provavelmente aprendeu na escola que foi uma humilhação para a França, obrigada a capitular pela coalizão formada por Inglaterra, Prússia, Áustria e Rússia. Alguns nostálgicos admiradores de Napoleão Bonaparte ainda carregam a ferida dessa derrota. Mas, para nossos ancestrais, essa França imperial vencida, esse imperador Napoleão forçado ao exílio, foi uma bonança, visto que esse tratado do Congresso de Viena declarou que o comércio de escravizados era "repugnante à moral universal" e previa a criação de uma força policial marítima sob a responsabilidade da Inglaterra. As infrações foram inúmeras. Os Estados fechavam hipocritamente os olhos diante do tráfico realizado por comerciantes particulares. A escravidão continuava prosperando. Os senhores das fazendas e os proprietários de engenhos e destilarias iam enriquecendo graças à força de trabalho gratuita. E os maus-tratos continuavam a se abater sobre os escravizados.

Tudo isso era permitido por lei?

Sim, pelo Código Negro idealizado por Colbert, ministro do Comércio, e decretado por Luís XIV em 1685, com aplicação imediata nas colônias das Américas e estendido à Ilha da Reunião em 1724. No artigo 44, os escravizados são declarados "bens móveis". Foram oficialmente considerados um mobiliário, da mesma forma que outros bens pertencentes aos senhores. Na contabilidade das plantations, os escravizados eram listados na categoria "gado". No artigo 38, estipulava-se que o capitão tinha o direito de vida e de morte sobre seus escravizados, uma vez que estava autorizado a marcá-los, a ferro quente, com a flor-de-lis, bem como a cortar suas orelhas na primeira tentativa de fuga, partir-lhes o jarrete na segunda e enforcá-los ou esquartejá-los na terceira. Marcados como bestas. Designados como bestas. Assassinados como bestas. Nem sequer abatidos como bois e ovelhas. Açoitados. Torturados. Esquartejados. Enforcados sob a autoridade do Estado.

Sabe-se quantas pessoas suportaram isso?

Não exatamente. Existem apenas estimativas. Referem-se aos relatos dos navegadores, aos "rolos", ou seja, aos documentos do registro dos *asientos*, a diversas informações administrativas, com o intuito de desenvolver estatísticas. Porém, raramente se deparam com os mesmos números, pois a margem de erro é grande. Nos dois sentidos. Por exemplo, o contrabando não pode ser avaliado. Mas é evidente que aumenta o número de vítimas em comparação com o que é indicado em documentos oficiais. Sabe-se também que alguns números levantados nos diários de bordo dos navios negreiros foram superestimados. Isso permitiu aos armadores parecerem poderosos, ostentando uma condição econômica maior do que tinham na realidade, para ter acesso a certos privilégios.

Os historiadores, no entanto, concordam com um número entre 15 milhões e 30 milhões de pessoas — homens, mulheres, crianças — deportadas no fundo do porão. Entretanto, alguns especialistas também consideram que, para um escravizado que conseguiu chegar às Américas, quatro ou seis pereceram durante as capturas, as revoltas ou em virtude de execuções e doenças, sem contar os que cometeram suicídio durante o transporte até os entrepostos, também chamados de *captiveries* ou *baracons*, na Ilha de Goreia, no Senegal, em Zanzibar, na Tanzânia, em Uidá, no Daomé, na cidade de Loango, em Angola, e durante a travessia marítima. Assim, de 70 milhões a 150 milhões de pessoas jovens, vigorosas, pertencentes a gerações fecundas, teriam sido arrancadas da África.

Você viu os desenhos que mostravam os porões dos navios negreiros. Uma deportação em massa, é óbvio. E é provável que as condições em que os escravizados eram transportados até as regiões costeiras e a resistência tenham provocado uma mortalidade considerável. Grandes perdas, como os traficantes de escravizados anotavam em seus registros, lamentando-se. Vale igualmente mencionar os milhares de escravizados lançados ao mar pelos traficantes depois do Congresso de Viena. Assim que um navio de patrulha era avistado, os marinheiros dos navios negreiros recebiam ordens para "jogar a carga ao mar" a fim de evitar multas.

Com relação ao tráfico de escravizados transaariano, conhecido como "árabe-muçulmano" e regular entre os séculos VII e VIII, os cálculos aproximados apontam 14 milhões de vítimas.

As ambiguidades do universal

Estou horrorizada com tudo o que acabei de ouvir. Mas em que pé estamos hoje? A escravidão deveria pelo menos ser proibida e punida!
Na verdade, é proibida. E é amplamente rechaçada no direito internacional. A começar pela Declaração Universal dos Direitos Humanos de 1948, cujo artigo 4º diz que "ninguém será mantido em escravidão ou servidão; a escravidão e o tráfico de escravizados serão proibidos em todas as suas formas". Em 1949, as Nações Unidas adotaram a Convenção para a Supressão do Tráfico de Pessoas e da Exploração da Prostituição de Outros. Mais textos internacionais condenam o comércio de escravizados e a escravidão. É o caso, por exemplo, da Convenção Europeia dos Direitos do Homem, para a proteção das liberdades, que data de 1950 e dedica seu artigo 4º a esse tema. É também o caso do Pacto Internacional sobre os Direitos Civis e Políticos de 1966, artigo 8º; da Convenção Americana sobre Direitos Humanos de 1969, artigo 6º; da Carta Africana dos Direitos Humanos e dos Direitos dos Povos de 1981, artigo 5º. Até a Convenção de Montego Bay, sobre o direito do mar, de 1982, estipula em seu artigo 99 a proibição da escravidão, para lidar especialmente com as situações de passageiros clandestinos nos navios de pesca e da marinha mercante. Por fim, a Conferência Plenipotenciária da ONU, que encerrou seus trabalhos em julho de 1998, em Roma, voltados para a criação de um Tribunal Penal Internacional, condena e proíbe o comércio de escravizados e a escravidão.

***

Muito bom. Mas me diga uma coisa: mesmo o texto mais antigo não é tão antigo assim.

Sua observação é pertinente. São inúmeros os textos, contudo posteriores à Segunda Guerra Mundial. Sua profusão, que pode parecer redundante, testemunha o pavor, o assombro e a angústia pânica que se apoderaram da Europa quando da descoberta do Holocausto. Aquela Europa, que se acomodara às abominações cometidas em nome da expansão capitalista e da evangelização hipócrita, descobria sua capacidade de organizar o horror absoluto em seu próprio solo, contra seus semelhantes. Ela saiu obcecada, envergonhada, apavorada. Obviamente, estou sendo injusta quando falo de toda a Europa, pois, como eu estava dizendo no início da nossa conversa, sempre houve homens, entre os escravizados ou oprimidos, mas também no "campo dos opressores", para se revoltar, para se levantar contra tais abominações. Os combatentes da resistência da Segunda Guerra Mundial franceses e europeus estavam entre eles. No entanto, não é totalmente falso dizer que é de fato a Europa que está em causa, no sentido em que a entendiam Frantz Fanon, quando exortou "Abandonemos a Europa", em *Os condenados da terra*, e Aimé Césaire, quando deplorou esse "momento em que a Europa caiu nas mãos dos financistas e dos capitães da indústria mais desprovidos de escrúpulos", no livro *Discurso sobre o colonialismo*. Por meio de seus discursos dominantes e autorizados, de seus atos legais e oficiais e de seu funcionamento que a Europa preparou e legitimou essas formas singulares de tirania e extermínio, inclusive durante o Século das Luzes.

Durante o Século das Luzes? Não foi isso que aprendi!

O que você aprendeu? Que Condorcet, brilhante escritor humanista, primeiro presidente da Sociedade dos Amigos dos Negros, foi um eminente abolicionista? Isso não o impediu de propor uma abolição gradual que se estenderia por 66 anos! Sessenta e seis novos anos de escravidão, sob o pretexto de preparar os sub-humanos que eram os nossos ancestrais para resistir às tentações da liberdade! Pois, segundo Condorcet, "antes de colocar os escravos na posição de homens livres, é preciso que a lei garanta que, nessa nova condição, eles não perturbarão a segurança dos cidadãos". Isso não me impede de continuar tendo uma intensa admiração por suas lutas pela educação pública em favor de meninos e meninas e por seu propósito de que a escola forme cidadãos.

Você aprendeu, minha querida, que Mirabeau certamente denunciou "os tiranos coloniais que mantinham os negros no nível de animais de carga" e afirmou a necessidade de abolir a escravidão, mas preconizou também de só fazê-lo gradualmente, pelo motivo surpreendentemente egoísta de que "os escravagistas brancos preservarão os costumes, hábitos e princípios que nos farão retornar ao seio da metrópole para onde sempre voltam" e que, dessa maneira, colocarão em risco a liberdade inscrita na Constituição?

Você aprendeu que Voltaire, presume-se, possuía ações muito rentáveis em empresas do comércio negreiro, ele que sempre lutou contra a força da injustiça e da violência dos preconceitos; ele, o ateu que, no caso Jean Calas, empregou uma energia obstinada para reabilitar um homem cujo único verdadeiro erro fora praticar uma religião diferente da do clero dominante, o mesmo Voltaire, que, em *Cândido*, faz um escravizado negro aleijado dizer: "É a esse preço que vocês comem açúcar na Europa"?

Você aprendeu que, entre 1788 e 1793, durante os belos anos da Revolução Francesa, o volume de negócios dos armadores negreiros franceses mais cresceu? Que esse comércio havia de tal forma prosperado que a proporção de população nas colônias passou de dois negros para um branco, em 1700, a dez negros para um branco, em 1780?

Você aprendeu que a Revolução Francesa de 1789 não aboliu a escravidão, que foi apenas a Convenção, que se resignou a essa questão em 1794, depois da apresentação de fortes defesas sob diversos ângulos, cálculos indecentes sobre os prejuízos da marronagem, fuga dos escravizados e uma quantidade de considerações geopolíticas especulando sobre o enfraquecimento dos britânicos, inimigos de então, prova é que, quando a Convenção votou pela abolição, Danton exclamou: "O inglês está ferrado!"? Como eu, você teria provavelmente preferido o grito: "Viva a liberdade para todos os homens!".

Você aprendeu que o grande Napoleão Bonaparte, o homem das conquistas, da expedição ao Egito e do Código Civil, preocupado em preservar os interesses dos colonos, grandes proprietários de plantations ou de fábricas, como a família de seus sogros, apressou-se em restabelecer a escravidão em 1802? Você aprendeu que o teólogo Bellon de Saint-Quentin ainda propagava, em 1764, as teorias sobre a maldição de Cam? Você sabia que o grande Toussaint Louverture,[1] que aderiu à Revolução Francesa, lutou contra os ingleses no posto de general do Exército francês, que foi quem conquistou a independência do Haiti, construiu uma administração eficiente, criou uma instituição judicial civil e militar, redigiu um Código Civil e um Código Comercial, abriu estradas e desenvolveu a agricultura, esse genial Toussaint Louverture foi, numa cilada, detido em Port-au-Prince, deportado de navio em junho de 1802

---

1 Toussaint Louverture (1743-1803): filho de escravizados, general e político haitiano, líder do movimento de independência da ilha. Em 1791, organizou um movimento de revolta dos negros contra os fazendeiros de São Domingos (atual Haiti). Em 1794, uniu-se à França revolucionária, que acabava de abolir a escravidão. Nomeado general-chefe dos Exércitos de São Domingos, proclamou a independência da ilha em 1800 e se tornou governador vitalício. Em 1802, Napoleão restabeleceu o poder francês na ilha. Toussaint Louverture foi derrotado, capturado e acusado de conspiração.

e preso em Fort de Joux, na região francesa do Jura, por ordem de Bonaparte? Que nesse lugar foi humilhado, despojado de suas roupas em pleno inverno, privado de comida e de luz, pois três quartos da claraboia da sua cela foram obstruídos? Que lá morreu de frio, fome e desespero? Que não tinha direito às deferências reservadas aos prisioneiros de guerra, nem mesmo a um tratamento inspirado por um mínimo de humanidade?

Isso é brutal!

Claro que é brutal. É um ataque à lenda do Iluminismo. A *Lenda dos Séculos* é mais cativante. E Victor Hugo, embora liberal, embora ambíguo em *Bug Jargal*,[2] continua sendo bem mais

---

2 *Bug Jargal* foi escrito pelo jovem Victor Hugo, que, à época, abominava a Revolução Francesa, que pôs fim ao regime monarquista, por causa da violência que desencadeou. Foi influenciado por um Chateaubriand furiosamente hostil à Revolução Negra (Haiti). No entanto, essa revolução fascina Hugo, que tenta descrevê-la e explicá-la. Ele então defende o colonialismo escravista, mas sonhará com um colonialismo próprio. Nesse livro, como observa Roger Toumson (em *La transgression des couleurs* [A transgressão das cores], tomo I, Éditions Caribéennes, 1989), "o bem está no mal e o mal, no bem. Bug Jargal é negro, mas nobre e belo. Léopold, embora branco, herdeiro de um colono e colono ele mesmo, é amigo de um escravo. Em outras palavras, se o colonialismo escravista é mau, há, todavia, algo de bom nisso... Alguns proprietários de escravos são cruéis, outros são humanos. Os negros são ferozes, mas Bug é bom. Victor Hugo enuncia, assim, a igualdade dos opostos e acaba aceitando a ordem escravista estabelecida". É interessante notar que depois de *Bug Jargal*, escrito quando tinha apenas 16 anos, Hugo compreenderia melhor o horror da escravidão por meio da figura e da luta de John Brown, um abolicionista branco nos Estados Unidos ao qual escreveu uma belíssima carta em 2 de dezembro de 1859, com a finalidade de impedir que ele fosse enforcado. Hugo dá seu último passo ao perder seus preconceitos contra os "negros", respondendo, em março de 1860, ao editor-chefe haitiano do jornal *Le Progrès*, sr. Heurtelou.

instigante do que Jubelin, Richepance[3] e Rochambeau,[4] que nos ensinaram a venerar nas esquinas de nossas mal nomeadas ruas. Richepance mostrou-se um extremo trapaceiro com o valente coronel de infantaria Louis Delgrès[5] e agiu com grande crueldade quando a escravidão foi restabelecida em Guadalupe em 1802.

3 Antoine Richepance (1770-1802): general francês. "Marechal des Logis" [responsável pela logística militar, englobando planejamento das marchas, seleção dos campos e regulamentação do transporte e abastecimento], no início da Revolução, participou de diversas campanhas e foi nomeado general, em 1800, em Novi. Naquele ano, travou batalhas vitoriosas (Waldshut, Kirchberg, Hersdorf, Hohenlinden), antes de ser enviado a Guadalupe por Napoleão com a ordem de conter a revolta liderada por um oficial mulato, Louis Delgrès, e restabelecer a escravidão na colônia. A repressão brutal da qual ele fora implacável artífice à frente das tropas francesas provocou milhares de mortes heroicas. Morreu em Guadalupe de febre amarela.   **4** Rochambeau (1750-1813): general francês. Participou da Guerra de Independência dos Estados Unidos sob o comando de seu pai; em seguida, foi enviado a São Domingos e depois à Martinica, que retomou em 1793 dos britânicos, mas estes, por sua vez, voltaram a ocupá-la em 1794. De volta a São Domingos em 1802, depois de participar da campanha de Napoleão na Itália, ganhou na colônia uma sinistra fama, ao promover a importação de Cuba, para a criação, em São Domingos, de cães buldogues treinados para atacar e despedaçar negros. Em 1803, rendeu-se aos britânicos, dos quais foi prisioneiro até 1811. Morreu em Leipzig durante a campanha napoleônica na Alemanha.   **5** Louis Delgrès (Guadalupe, 1766-1802): coronel do Exército francês, rebelde e ferrenho opositor do restabelecimento da escravidão [nas colônias francesas] em 1802, é um dos personagens mais prestigiosos da história de Guadalupe. Serviu primeiro no Exército dos republicanos franceses na Martinica e foi nomeado capitão provisoriamente. Em janeiro de 1802, promovido a coronel de infantaria, foi colocado no comando do distrito de Basse-Terre. Em maio de 1802, resistiu às tropas do general Richepance, que ele suspeitou de querer restabelecer a escravidão. Depois de combates sangrentos, evacuou o Forte Saint-Charles e retirou-se para a serra de Matouba. Richepance invadiu a residência de Anglemont, em Matouba, onde Delgrès estabelecera seu quartel-general. Ferido, Delgrès e várias centenas de homens decidiram então suicidar-se fazendo explodir barris de pólvora. Essa morte heroica, em 28 de maio, inscreveu para sempre o nome de Delgrès e de seus homens no panteão da história de Guadalupe. Ao seu lado, encontravam-se duas mulheres excepcionais, Marie-Louise Toto e Solitude, a mulata que foi enforcada um dia depois de ter dado à luz.

O administrador Jean Jubelin se opunha à escolarização de crianças negras e à alfabetização dos adultos, alegando que "esses negros já não sabem o que fazer com a liberdade, se vocês os mandarem para a escola, vão pensar que tudo lhes é permitido". Você está vendo, minha brutalidade não é nada comparada à violência dessa concepção de liberdade supervisionada, esquadrinhada, escalonada. Diga-me para onde esses prudentes humanistas mandaram a igualdade dos homens reivindicada em seus arroubos líricos? Onde está a fraternidade entre os povos, cantada nas suas mais belas páginas? E quanta perversidade, quanta barbárie entre os que apoiavam abertamente a escravidão!

Mas, ainda assim, a França das liberdades não é mera imaginação sua?
A liberdade parece ir se acomodando de formas diversas.
Uma coisa primeiro: se eu disser "Terra da Liberdade", em que país você pensa?

Nos Estados Unidos, claro. Mas isso é outra coisa!
É quase a mesma coisa. Os Estados Unidos hoje gozam da reputação de ser uma terra de liberdade. A menos que você concorde com uma liberdade WASP [*white, anglo-saxon, protestant*/branca, anglo-saxã, protestante], seria preciso escavar por muito tempo para desenterrar a liberdade nesse país, que se construiu em cima de massacres e expropriação das terras ameríndias, do tráfico negreiro e da escravização dos africanos nas plantações de cana, algodão e tabaco, nas grandes obras de represamento dos rios. Os linchamentos de negros ainda ocorriam abertamente até 1968, às vezes por motivos tão fúteis como uma palavra insolente ou um olhar firme, mas, de toda forma, pelo motivo principal de ser negro e estar ali. Os linchamentos de negros eram uma distração saboreada em família, na frente de crianças travessas e que acompanhavam com seus próprios jogos a crueldade dos adultos

arrancando as unhas das vítimas, cortando as orelhas, furando os olhos, esfolando a pele de seu rosto. Ei! Não revire o olho.

É nesse país que os afro-americanos representam 50% da população carcerária, enquanto são apenas 12% da população total do país, que os governadores ainda mandam executar seres humanos, mesmo com transtornos mentais, mesmo menores de idade. Embora o artigo 6º, item 5, do Pacto Internacional dos Direitos Civis e Políticos estipule que "uma sentença de morte não pode ser imposta por crimes cometidos por menores de dezoito anos", o primeiro menor condenado à execução tinha catorze anos. Afro-americano, chamava-se George Junius Stinney. Cometeu o erro de avisar à polícia sobre os cadáveres de duas meninas estupradas na Carolina do Sul. Ele acabou sendo acusado dos estupros. Seu julgamento, com júri e advogados brancos, durou duas horas; a deliberação, dez minutos! Pequeno demais para a cadeira elétrica destinada a adultos, teve de se sentar em uma Bíblia. Aconteceu em 1944. Stinney foi reabilitado setenta anos depois. Inocente!

Acrescente a isso o fato de que sete em cada dez sentenças de morte são anuladas mediante recurso de apelação por pessoas que têm dinheiro para pagar um advogado, que um terço dos condenados foram inocentados, que dois a três meses em média são suficientes para condenar à morte, ao passo que demora de dez a vinte anos para se corrigir um erro judiciário. Você compreenderá então que, vítima ou acusado, é melhor ser branco e rico nesse país onde, no estado de Kentucky, por exemplo, as penas de morte são aplicadas exclusivamente em caso de assassinatos de pessoas brancas, enquanto mais de mil negros lá foram mortos no mesmo período. É nessa Terra da Liberdade que a escravidão ainda estava inscrita nas leis do estado da Virginia em 1980. Coincidentemente, o ano em que a Mauritânia foi o último Estado-membro da ONU a abolir a escravidão. Na lei, mas ainda não na prática!

***

Mas que inferno!

Para ser exata, recorde-se de que o primeiro movimento abolicionista também nasceu nos Estados Unidos, quando ainda eram um conjunto de colônias inglesas. Foi em 1688, o movimento dos quakers na Pensilvânia — estado com o nome de seu fundador William Penn, cuja capital tem o nome simbólico de Filadélfia, cidade do amor fraterno. Em 1759, ou seja, trinta anos antes da Revolução Francesa, dezessete anos antes da independência americana, os quakers decidiram excluir de sua comunidade as pessoas que tivessem participado do comércio de escravizados. Vermont foi o primeiro estado a abolir a escravidão, em 1777, um ano após a Declaração de Independência. Veja, porém, que os pais da Independência das Treze Colônias, autores da Declaração de Independência, ficaram dias a fio quebrando a cabeça e discutindo coisas irrelevantes acerca da abolição da escravidão. Para terminar com um compromisso inglório: os ameríndios são tratados como *merciless savages* ("impiedosos selvagens") e os escravizados continuam sendo propriedade dos senhores, direito explicitamente reafirmado. Não surpreende que, dezesseis anos mais tarde, em 1793 — o ano da invenção do descaroçador de algodão —, sejam adotadas em outros estados novas leis punindo mais duramente os escravizados fugitivos. E a escravidão só foi oficialmente abolida em janeiro de 1865, pela adoção da 13ª emenda à Constituição dos Estados Unidos, sob o impulso obstinado do presidente Abraham Lincoln, que terminaria assassinado. Pragmática ou cinicamente, os negros eram considerados aptos para serem recrutados na guerra, desde 1775. Autorizados a derramar seu sangue pela nação mais de um século antes, depois de já ter derramado tanto para seus senhores.

Ainda hoje, é um inferno para milhões de afro-americanos e africanos e milhares de brancos pobres e analfabetos que definham injustamente nas prisões. Terra da Liberdade? Deixemos

Mumia Abu-Jamal, preso, condenado à morte após um julgamento atabalhoado e que depois de trinta anos no corredor da morte teve sua pena comutada para a prisão perpétua, nos dizer. Ex-Pantera Negra e provavelmente condenado por essa razão, ele relata sua experiência em seus livros dos quais emana uma impressionante serenidade. Terra da Liberdade! Perguntemos ao fantasma de Odell Barnes, um rapaz de 31 anos, condenado à morte com base num único testemunho impreciso de um vizinho, mesmo este tendo sido questionado pela perícia médico-legal, executado em 2000 no estado do Texas, por ordem do governador George Bush, que seria pouco depois eleito presidente da maior potência do chamado mundo livre. Terra da Liberdade! Vamos interrogar a alma atormentada de Amadou Diallo, aquele jovem guineense baleado 41 vezes nas costas por quatro policiais brancos, que, na penumbra, suspeitaram que o funcionário da mercearia, que voltava para casa depois de um dia de trabalho, tinha uma vaga semelhança com um estuprador procurado. Perguntemos-lhe se sua alma, torturada pela impunidade que o tribunal de Nova York garantiu àqueles policiais brancos, algum dia encontrará paz. Já que estamos nesse assunto, entremos na dança das almas atormentadas. A alma de Crispus Attucks, primeiro mártir negro da Guerra da Independência durante o massacre de Boston. As almas de Herbert Lee, Medgar Evers, Jimmy Lee Jackson, Sammy Younge Jr., militantes universitários assassinados. As almas de Andrew Goodman, Michael Schwerner e James Chaney, estudantes voluntários no "Verão da liberdade", desaparecidos sem deixar vestígios no Mississippi. As almas das quatro meninas negras mortas num atentado a bomba numa igreja batista de Birmingham. As almas dos Panteras Negras executados sem intimação. A alma de George Jackson, covardemente assassinado na prisão de Soledad. A alma de "Hurricane" Carter, que cumpriu 22 anos de prisão pelo bel-prazer de um delegado de polícia racista. As almas das meninas negras estupradas e confinadas ao silêncio. As de milhares de vítimas que aguardam o julgamento da Ku Klux Klan. E esses supliciados de Atlanta, Selma, Tuskegee, Little Rock, Springfield, New Orleans são apenas alguns nomes escolhidos por acaso na interminável lista de vítimas do que os historiadores acanhadamente chamam de "motins raciais" e que balizam a estrada sinuosa rumo à conquista dos direitos civis nos Estados Unidos. Direitos civis, nem sequer o poder! Imagine a desolação dos espíritos errantes desses homens executados porque eram suspeitos, suspeitos porque eram negros. E de todas as idades. Michael Brown, dezoito anos. Trayvon Martin, dezessete. Tamir Rice, doze. E nas mais diversas circunstâncias. Eric Garner, um vendedor ambulante, asmático. Akai Gurley, numa escadaria. Todos desarmados! De acordo com um relatório da ONU, anualmente seriam mais de mil abatidos dessa maneira nas vias públicas, sem terem cometido qualquer desordem em particular. Abordagem policial ao dirigir, abordagem policial na rua, abordagem policial pela cor da pele! Preconceitos, clichês, medo, força bruta, impunidade, eis o coquetel atômico daqueles que se drogam com a supremacia branca.

Pois bem. Devo então me preparar para ouvir religiosamente as explicações luminosas que você me dará a luxuosa honra de expor sobre a França das Liberdades?

É isso, pode rir. A insustentável leveza do ser é um privilégio da sua geração. Não tenho intenção de negar as ideias progressistas da Revolução Francesa. Existe, inclusive, uma escola de pensamento segundo a qual a França "moderna" resulta diretamente e ainda permanece fortemente impregnada dessa Revolução. Eu não poderia ser mais monarquista do que o rei, mesmo sendo ele decapitado. Aliás, em geral é o que eu penso em se tratando das instituições e da relação das pessoas com as instituições do país. Entretanto, não devemos nos contentar com o lado superficial ou com a aparência de coisas, seres e culturas. Veja então que, como sou profundamente apegada a um ideal de fraternidade, inteiramente convencida de que a diversidade é vital para a humanidade, absolutamente segura de que uma causa só é universal quando engrandece o homem inteiramente e em todos os lugares, eu sei muito bem que belas palavras podem encobrir crimes hediondos. Eu não posso ignorar que a Primeira República se gabou de princípios que só foram aplicados, com muita parcimônia, aos oprimidos franceses na metrópole e mais parcamente aos escravizados nas colônias. Evidentemente, tudo isso acontecia num contexto de grande efervescência intelectual. Turbulências políticas e querelas partidárias comprovavam a vivacidade dos conflitos e a vitalidade das forças de cada campo. As contribuições literárias e políticas eram fulgurantes. As obras eram belas e ousadas. As disputas eram acirradas. Nem todas as vozes nobres e influentes que se elevaram eram absolutamente idealistas. Indignadas, certamente, mas com uma indignação contida. As considerações éticas avizinhavam as preocupações econômicas. Com raríssimas exceções. Além disso, os argumentos desenvolvidos pelos abolicionistas atestavam mais o nível de consciência de quem tinha poder de decisão do que suas próprias convicções, que eu gostaria de imaginar mais generosas. Pois, na verdade, as razões econômicas suplantavam amplamente as profissões de fé éticas sobre a igualdade e a fraternidade entre os homens.

As posições eram semelhantes às da Guerra Civil Americana em 1860, quando os nortistas, reputados abolicionistas, defendiam ao mesmo tempo e na essência os interesses dos estados industriais do Norte contra a concorrência dos estados agrícolas do Sul, considerada desleal por causa da mão de obra servil, logo, gratuita. Ali também, com raríssimas exceções, as dificuldades encontradas, depois da guerra e da abolição promulgada pelo presidente Abraham Lincoln, por soldados negros, ex-escravizados e autênticos abolicionistas demonstraram que a escravidão não era a questão central daquela guerra. Para os afro-americanos da época, era sem dúvida melhor viver no Norte do que no Sul do país. E ainda hoje é assim. Você sabia que, em 2002, a Virginia recusou a oportunidade que teve de mudar sua bandeira e preferiu manter a bandeira confederada? Orgulhosa de sua história de intolerância. Num passo mais lento, podemos ouvir as dolorosas histórias familiares de pessoas cujos avós se alistaram, por vezes ainda adolescentes, na guerra. A verdade é que ficaram no campo da injustiça e da intolerância.

Você parece obnubilada com os Estados Unidos!

Confesso que estou mais angustiada do que subjugada pelas contradições desse conglomerado de estados. Lá se encontram o melhor e o pior. Mas, sobretudo, não sou fascinada. Alguns historiadores professam que a Revolução Americana é a matriz da Revolução Francesa, e Alexis de Tocqueville[6] é considerado um grande pensador da democracia. O destino reservado aos negros não me anima a compartilhar a admiração de Tocqueville por aquela "democracia". A Declaração de Independência dos Estados Unidos é frequentemente apresentada como o texto fundador das liberdades dos indivíduos e dos povos e de seus direitos de resistir à opressão. De minha parte, fico estarrecida com a menção, nessa Declaração, aos ameríndios como *selvagens impiedosos*, que esses campeões da democracia despojaram de sua terra, cultura e identidade. Fico consternada com esse direito de propriedade sacralizado e com o silêncio sobre a população negra, propriedade suprema, prova — como se fosse necessário — da manutenção da escravidão.

---

6 Alexis de Tocqueville (1805-1859): autor do ensaio de sociologia política intitulado *Da democracia na América*.

Contudo, o primeiro rascunho da Declaração de Independência, redigido por Thomas Jefferson, continha uma forte denúncia contra a escravidão. É verdade que ele convertia o rei George III da Inglaterra no único responsável, recriminando-o por ter "declarado uma guerra cruel contra a própria natureza humana, violando os direitos mais sagrados da vida e da liberdade na pessoa de um povo distante que jamais o ofendera". Reflita *en passant* sobre essa capacidade magistral que os Estados Unidos têm de dizer ou dar a entender que eles são anjos e que o mal está sempre em outro lugar, nos outros. Porém, os delegados das colônias sulistas sabiam que a Guerra de Independência declarada contra a Inglaterra tinha como principal motivo a rejeição da política fiscal do rei George III, em busca de fundos para recuperar os cofres da Coroa, esvaziados pelas guerras contra os ameríndios e contra os franceses.

É por isso que o texto finalmente adotado reafirmava o direito de propriedade, especialmente sobre os escravizados, que faziam parte de seus bens móveis e do rebanho. A Constituição dos Estados Unidos fazia uma distinção entre "os homens livres e as outras pessoas". Em 1857, a Suprema Corte decretou que nenhum negro poderia ser cidadão dos Estados Unidos. Você compreende agora que eu não posso ter uma devotada admiração por essa chamada Terra da Liberdade que nutre fantasias europeias. Mas sejamos metódicas. Estávamos falando dos textos que proibiam ou condenavam a escravidão.

E listamos vários textos internacionais que condenam essa prática. A propósito, por que tantos foram necessários?

Excelente observação! Quando a comunidade internacional constata a incapacidade de impor suas regras, tenta esquivar-se dessa impotência por meio da redundância. Ela se repete, como que para ter certeza de ser ouvida. Mas, talvez, para também ter certeza da própria vontade.

***

Esses textos internacionais se aplicam a todos os países?

Em princípio são aplicáveis aos países signatários. Em geral, as convenções e os tratados internacionais são assinados pelos governos e devem ser ratificados pelos parlamentos nacionais. É possível que a ratificação seja submetida a um referendo, quando questões de política interna se revelarem cruciais. Em 1992, por exemplo — você era bem jovem —, o Tratado de Maastricht foi submetido a um referendo na França. Esses tratados têm prevalência sobre a legislação nacional, quando esta lhes for contrária. É assim que procede a França e a maioria dos países europeus. Em geral, a França ratifica relativamente rápido os tratados internacionais (os mais recentes diziam respeito às minas antipessoal e ao Tribunal Penal Internacional), o que não necessariamente faz dela a campeã na aplicação dos tratados ratificados.

Imagino que a legislação da França, pátria dos direitos humanos, não contém disposições contrárias aos textos de proibição e condenação do tráfico negreiro e da escravidão, certo?

Você tem razão, mesmo se tivermos de reavaliar a noção de pátria dos direitos humanos. No entanto, a lei francesa é um pouco geral. O decreto de 27 de abril de 1848, redigido por Victor Schoelcher, que aboliu a escravidão pela segunda vez, estipula apenas que "a escravidão é um atentado à dignidade humana", pois "suprime o livre-arbítrio". O novo Código Penal francês, de 1994, classifica a escravidão entre os *"outros* crimes contra a humanidade", em referência ao genocídio. A escravidão aparece, portanto, como um termo genérico, nem datado, nem localizado.

Mas, graças à sua lei,[7] o tráfico de escravizados e a escravidão serão finalmente reconhecidos como crime contra a humanidade!

7 Ver anexo, p. 163.

Não é a *minha* lei. Existe um costume de se atribuir a uma lei o nome do autor da proposta. Mas toda proposição de lei alterada e votada se torna uma lei da República. As leis são construções coletivas. São tratativas que dão prova do trabalho comum e do nível de consciência universal que as instituições assumem e promulgam num determinado momento, momento este escalonado ao longo de todo o tempo de maturação que a tramitação parlamentar permitir. A lei que visa ao reconhecimento do tráfico negreiro e da escravidão como crimes contra a humanidade diz precisamente em seu artigo 1º que "a República Francesa reconhece que o comércio transatlântico de escravizados, bem como, por um lado, o tráfico no oceano Índico e, por outro, a escravidão, perpetrados a partir do século XV nas Américas e no Caribe, no oceano Índico e na Europa, contra as populações africanas, ameríndias, malgaxes e indianas, constituem um crime contra a humanidade".

O texto contém cinco outros artigos, todos relativos a essas abominações particulares que foram o tráfico negreiro que sangrou a África por mais de quatro séculos, os massacres e em seguida o genocídio ameríndio nas Américas e no Caribe, a escravidão que desintegrou sociedades, culturas, identidades e as personalidades de milhões de africanos, ameríndios, malgaxes e indianos. O primeiro artigo do projeto de lei era diferente. Veja como eu o tinha redigido: "A República Francesa reconhece que o comércio transatlântico de escravizados e a escravidão, perpetrados do século XV ao XIX pelas potências europeias contra as populações africanas deportadas para as Américas, constituem crimes contra a humanidade". Você pode observar que o termo preciso e trágico "deportadas" desapareceu, bem como a designação das potências europeias escravagistas.

O crime contra a humanidade

O que você responde às pessoas que dizem que o crime contra a humanidade só existe desde o fim da Segunda Guerra Mundial e que não se pode usar um conceito novo para um fato passado?

Às pessoas de má-fé, e são a maioria, respondo que eu me recuso a mergulhar nas profundezas lamacentas onde chafurdam. É dar prova de obscenidade deturpar a história das palavras com a finalidade de designar fatos que levaram um continente inteiro à deriva duradoura, à captura de pessoas vigorosas, que, com seu trabalho, construíram a prosperidade de outros continentes. Isso arrastou num turbilhão de desespero crianças arrancadas de suas mães, mulheres arrancadas de sua linhagem, homens arrancados de suas terras. E todas as atrocidades que se seguiram.

E o que você responde às pessoas de boa-fé?

Primeiro, que conhecer esses fatos exige recolhimento. Em seguida, que o Holocausto também precedeu a definição de crime contra a humanidade, visto que foi o Tribunal Militar Internacional de Nuremberg que estabeleceu e consagrou o conceito. E que a questão levantada, no caso, é a da retroatividade, que consiste em aplicar aos atos os textos elaborados depois de esses atos terem sido cometidos. Tanto os juízes quanto a comunidade internacional, por meio das convenções sobre direitos humanos, consideraram que a irretroatividade não podia ser invocada com o intuito de obstruir ações judiciais contra os culpados de atos ou omissões (sim!), tidos como criminosos em virtude dos "princípios gerais de direito reconhecidos por todas as nações".

Sim, mas havia passado pouco tempo desde a ocorrência daqueles fatos. Dá para compreender essa contorção para conseguir punir os nazistas.

Obviamente. Eu nem me atrevo a imaginar que os juízes e as nações livres poderiam ter se curvado ao princípio da irretroatividade das leis e ter dado, assim, a prova de sua impotência para julgar e condenar. Na verdade, alguns indivíduos tentaram desacreditar o Tribunal Militar Internacional, argumentando que se tratava de um instrumento da força dos vencedores e não um tribunal. Isso não está absolutamente errado. Pelo menos, a força dos vencedores se constituiu como instrumento de direito, com estatutos e jurisdição, audiências públicas e sujeitas a debate contraditório. O fato é que você, eu e milhões de pessoas teríamos achado escandaloso, covarde e criminoso um argumento que consistisse em tirar proveito da irretroatividade das leis, uma bela conquista democrática, para deixar impune o extermínio dos judeus. Quanto ao tempo decorrido entre os fatos e os textos, a questão não reside aí. Reside no princípio. Ou distorcemos um princípio em nome de uma razão maior, ou não distorcemos.

E como você explica que um tribunal e uma legislação foram criados a tempo para o Holocausto e não para o tráfico de escravizados e a escravidão? Talvez porque as mentalidades estivessem mais maduras depois da Segunda Guerra Mundial?

Não podemos nos vangloriar do Iluminismo, de valores universais, de princípios de direito e, ao mesmo tempo, presumir que as mentalidades não pudessem estar suficientemente maduras no século XX. O tráfico negreiro, a escravidão, os massacres coloniais que precederam o Holocausto, e que infelizmente o traziam em suas sementes, atingiam homens distantes, de aparência diferente.[1] É descobrindo-se como sendo capaz das mesmas abominações, domesticando intencionalmente as técnicas, agindo em seu próprio território, contra homens semelhantes em toda a aparência que a Europa se dá conta, horrorizada, de quanto o homem imbuído de sua pretensa superioridade pode ser habitado pelo mal absoluto. O que leva Frantz Fanon a dizer: "Vamos virar as costas a essa Europa que nunca para de falar do homem enquanto o massacra em cada esquina".

Você acha, claramente falando, que, enquanto eram os negros que estavam sendo massacrados, os protestos foram suficientes. Não havia necessidade de inventar leis ou punir os culpados?

Receio que tenha havido, na verdade, uma escala de compaixão na Europa, uma indignação de geometria variável. Constatar esse fato não é suficiente. É preciso lutar para fazer evoluir o princípio de uma humanidade indivisa.

O tráfico negreiro e a escravidão poderiam ter sido classificados como genocídio?

Haja vista a definição de genocídio, diríamos que não. Se levarmos em conta a definição contida na Convenção da ONU

---

1 "[...] valeria a pena estudar [...] e revelar ao mui distinto, mui humanista, mui cristão burguês do século XX que ele carrega em si um Hitler recôndito [...] e que no fundo, o que ele não perdoa a Hitler não é o *crime* em si, o *crime contra o ser humano*, não é a *humilhação do ser humano em si*, é o crime contra o ser humano branco, é a humilhação do homem branco e o fato de ter aplicado à Europa métodos colonialistas que até ali estavam reservados aos árabes da Argélia, aos cules da Índia e aos negros da África". Aimé Césaire, *Discours sur le colonialisme*. [Ed. bras.: José Fernando Peixoto de Azevedo (Org.), *Aimé Césaire: textos escolhidos: A tragédia do rei Christophe; Discurso sobre o colonialismo; Discurso sobre a negritude*. Trad. de Sebastião Nascimento. Rio de Janeiro: Cobogó, 2022. , p. 165.]

de 9 de dezembro de 1948, o genocídio refere-se aos atos "cometidos com a intenção de destruir, no todo ou em parte, um grupo nacional, étnico, racial ou religioso, como tal". A convenção especifica os atos em questão, que seriam "assassinar membros do grupo, causar danos graves à integridade física ou mental do grupo, infligir intencionalmente ao grupo condições de vida que causariam sua destruição física, total ou parcial, impor medidas destinadas a impedir nascimentos dentro do grupo, transferir crianças do grupo à força para um outro grupo". Evidentemente, essa definição é bastante contextualizada, no sentido em que foi feita sob medida para a definir o Holocausto, embora o termo já existisse antes. O último critério, ou seja, a transferência forçada de crianças, refere-se inegavelmente ao Lebensborn, um programa nazista de seleção de bebês.

Todos esses atos se aplicariam à escravidão, com a notável exceção das medidas com o objetivo de dificultar o nascimento dentro do grupo. Pelo contrário, os escravagistas "selecionavam" os homens garanhões, como se faz com bodes, touros ou varrões, a fim de assegurar a reprodução e o aumento do seu capital. Essa prática custava menos do que comprar novos indivíduos, especialmente depois da proibição do comércio de escravizados, que aumentava os riscos enfrentados pelos traficantes e, por conseguinte, o preço de venda dos escravizados, ainda mais porque as condições de trabalho impostas aos escravizados reduziam significativamente sua expectativa de vida. Se o genocídio não está inscrito na intenção, está inscrito nos fatos. Está no fato das milhões de mortes causadas pelos ataques às aldeias, do transporte para as zonas litorâneas, das condições sanitárias execráveis no fundo dos porões dos navios, das revoltas, dos suicídios, das condições de trabalho indescritíveis, dos castigos corporais, das mutilações e assassinatos legais, do suplício psicoafetivo. Esse é o problema das definições: elas fixam os delitos humanos em categorias que, infelizmente, estão sempre um passo à frente delas. A mim me parece óbvio que os massacres de ameríndios, a partir do momento em que se tornaram sistemáticos, constituem genocídio, tendo como objetivo exterminá-los para confiscar suas terras e riquezas.

Então a noção de crime contra a humanidade é mais adequada ao que foram o tráfico negreiro e a escravidão?

O genocídio é um crime contra a humanidade. O novo Código Penal francês, após a reforma de 1994, trata de crimes contra a humanidade nos artigos 211 e 212, o primeiro sobre o genocídio, o segundo intitulado "Dos outros crimes contra a humanidade". Assim como o genocídio, os crimes contra a humanidade não são definidos de forma absoluta, mas por meio de vários atos.

Está em curso uma reflexão de altíssima qualidade, liderada por eminentes juristas — acadêmicos e profissionais —, filósofos, psicanalistas, médicos, empenhados em definir o conteúdo dos crimes contra a humanidade no que diz respeito à diversidade dos atos que poderiam ser assim qualificados e à necessidade de prever novos riscos. Os trabalhos de Mireille Delmas-Marty, Pierre Truche, André Froissard e Emmanuel Jos esclarecem significativamente o sentido e a gravidade do que seria um crime contra a humanidade. Eles nos ensinam que é a negação da humanidade da vítima, a sua expulsão da família humana, o que primeiro constitui o crime, colocando as divergências estatísticas em seu devido lugar. "Não é o número de vítimas, nem a intensidade de seu sofrimento, mas sim a negação da parte do ser humano eterno que está em cada um de nós" que consiste em crime contra a humanidade. O estado de guerra não é, portanto, o único contexto em que pode ser perpetrado. E, de minha parte, não vejo um conceito mais pertinente para abarcar totalmente o que foram o tráfico negreiro e a escravidão. Seria possível negar de forma mais contundente a humanidade daquelas crianças, daquelas mulheres, daqueles homens que foram capturados, marcados a ferro, acorrentados, algemados, estuprados, espancados, vendidos em lotes ou separadamente, mutilados, esquartejados, assassinados legalmente? As condições relativas a números são satisfeitas. O sofrimento intenso é bem real. Mas, acima de tudo, é a negação, o esmagamento, a aniquilação da essência humana de cada um dos escravizados que constituem o crime contra a sua humanidade, contra toda a humanidade, contra o gênero humano. E que os homens só tenham inventado o nome de seu crime, mais de um século depois de ter deixado de cometê-lo, não apaga ou suaviza os danos e a perversão.

Ainda assim, é estranho perceber que muito tempo se passou e que tudo isso permaneceu no maior silêncio.

O silêncio oficial. Aliás foi uma recomendação dada pelos governadores, que leram publicamente o decreto da abolição para o povo reunido: "Nós devemos esquecer o passado. Nas colônias, agora só existem homens livres e irmãos". Os opressores tinham todo o interesse em organizar esse esquecimento. Os ex-escravizados, não. Porém, o equilíbrio de forças lhes era desfavorável. Os antigos proprietários escravagistas mantiveram as terras e, além disso, receberam indenização para compensar a perda da mão de obra gratuita. O sistema conhecido como *"engagisme"* era uma forma de recrutamento, que consistia em trazer trabalhadores de países asiáticos, em troca de baixos salários, e visava, de certa forma, substituir a escravidão. Os decretos expedidos pelos governadores contra a vadiagem, que permitiam mandar os libertos que recusassem o trabalho assalariado de volta para as plantations, e a obrigação de apresentar uma carteira de trabalho imposta a todos, inclusive às mulheres casadas, colocaram os ex-escravizados em situação de dependência e precariedade. O poder da repressão para salvaguardar o sistema econômico passou do senhor de escravizados para a instituição judiciária. Esta, que nas colônias devotou-se inteiramente aos fazendeiros, assegurou a perseguição das pessoas inativas em nome da autoridade pública, aplicando igualmente castigos corporais. O liberto se encontra quase tão encurralado quanto o escravizado. Sua posição é repleta de muito pouca glória para que ele a reivindique. Cercado por todos os lados, não pode protestar. Apenas alguns intrépidos ousam fazê-lo por meios legais, que em sua maioria não dão em nada. Com exceção notável da longa — 26 anos! — e obstinada aventura judicial do escravizado Furcy[2] e de outros casos raros que geraram jurisprudência no Tribunal de Cassação, mais em conformidade com o direito do que com a lei durante a era de Joseph-Marie Portalis Filho, André Dupin e Alexandre Gatine, quando o humanismo triunfou neste confronto de humanidades. Nem todos os processos tiveram o mesmo desfecho. O de Léopold Lubin foi um modelo de iniquidade. Naqueles tempos, o liberto aspirava a sobreviver, a escapar dos maus-tratos, a abrir um caminho menos doloroso e menos árduo para seus descendentes. No entanto, o silêncio não é observado em todos os lugares nem o tempo todo. O próprio ex-escravizado inscreve seu sofrimento e revolta em contos e cantos. Existem livros que confirmam ou analisam o fenômeno, tanto nas colônias como no coração das metrópoles. São inúmeros os trabalhos, permanecendo quase sempre confinados nos santuários universitários. Muito poucos livros estão disponíveis ao público em geral, embora nos últimos anos, e em boa parte por influência da lei de 2001* e de seus efeitos no ensino e na

2 Escravizado da Ilha da Reunião que processou seu senhor em 1817 e reivindicou o estatuto de homem livre, tendo obtido ganho de causa em 1843. Ver Mohammed Aïssaoui, *L'Affaire de l'esclave Furcy*. Paris: Gallimard, 2010.

* Trata-se da lei francesa, de 10 de maio de 2001, que reconhece como crime contra a humanidade o tráfico negreiro e a escravidão, praticados a partir do século xv contra populações africanas, ameríndias, malgaxes e indianas. Também chamada de Lei Taubira, nome da proponente, a então deputada Christiane Taubira. [N. T.]

pesquisa, obras notáveis têm sido produzidas. Quanto ao silêncio oficial, quando ele se rompe, pouco se aventura para além da abolição.

Felizmente, os tempos estão mudando. Agora vão falar sobre essas coisas em todo lugar, e inclusive ensinar na escola.

Isso ainda não está garantido. Uma infinidade de discursos oficiais se situa definitivamente no terreno da indignação moral. É preciso continuar a batalha para que o tráfico negreiro e a escravidão sejam reconhecidos pelo que verdadeiramente foram: o primeiro sistema econômico e a primeira organização social hierárquica cujas bases assentaram-se na deportação em massa de populações e no assassinato legal. Devem ser entendidos como tal.

As lutas. Nossos pais, nossos heróis...

Você se refere tanto aos seus ancestrais rebeldes, que tenho certeza de que está ansiosa para me contar os feitos heroicos dos negros marrons.[1]

E como! Veja bem, uma das consequências duradouras da mistura de etnias, organizada pelos traficantes de escravizados para limitar as revoltas — tentativa inútil, diga-se de passagem —, um dos efeitos da promiscuidade causada por condições de vida infames, estupros cometidos pelos marinheiros e pelos senhores, ou simplesmente também por impulsos naturais de sedução e atração, é esse turbilhão mestiço, onde até mesmo Deus teria dificuldade de reconhecer as metamorfoses de sua obra. Imagine, então, nós, pobres humanos, tentando nos aventurar num emaranhado de nossas genealogias cruzadas. O privilégio que decorre disso é poder escolher uma parte de sua filiação. E admito que me inspiro de bom grado na epopeia dos negros *marrons*, para me reconectar com alguns dos meus ancestrais.

Então, você não descende de escravos, mas de negros marrons?

Venho inevitavelmente de ambos. E de mais longe ainda. Sou da África e das Américas, da Ásia e da Europa. Assumo minhas

---

1 Assim chamados os escravizados que fugiam para fazer resistência (marronagem) contra os senhores. Os negros *marrons* se agrupavam e uniam suas forças contra quem os dominava.

múltiplas ascendências como diversas raízes que irrigam minha identidade e minha propensão para a alteridade. Contenho o mundo e o mundo me conduz. Mesmo que, atemorizado com tantos reflexos, esse mundo às vezes escolha acreditar que sou invisível.

"Homem invisível, para quem cantas?"

Como nesse belo romance [*Homem invisível*] de Ralph Ellison, sou transparente para todos aqueles, racistas e filantropos precipitados, que cochilam no conforto de suas certezas espelhadas. Escolher minha filiação e adensar minha presença no mundo são alguns dos meus privilégios. E pesco uma envenenadora aqui, uma abortadeira ali, um guerreiro aqui, um xamã ali, e junto uma feiticeira aqui, um contador de histórias ali.

Você está fazendo sua feira?

Com uma predileção por temperos que perfumam e dão mais sabor à vida...

Eu percebi! Fazer referência a abortadeiras, envenenadores, guerreiros, isso não é lá muito moral nem muito pacífico!

Não, se acabarmos nos limitando à reprovação moral e à visão submissa do escravizado. Padre Bartolomeu* e Pai Tomás. Se fosse necessário contar com eles para a abolição da escravatura, ainda estaríamos lá!

O herói do romance da norte-americana Harriet Beecher Stowe, *A cabana do Pai Tomás*, personagem totalmente dedicado a seus senhores, como os outros escravizados ligados ao serviço doméstico, e assim poupado pela dura economia da plantation, é de uma submissão insuportável. Ele espera passivamente a

---

* Referência ao padre espanhol Bartolomeu de las Casas, que foi missionário no México e considerado um grande defensor de povos indígenas. [N.T.]

incomensurável caridade do senhor que o libertará e, ademais, sonha apenas com uma vida um pouquinho melhor. É uma história que faz chorar e toda voltada para a glória dos senhores, os que são caridosos, obviamente.

Realmente, nada te satisfaz!
E nem a você!

Sim, eu confesso. Mas seria essa uma razão para preferir abortadeiras e envenenadoras?
Esses homens e mulheres arrancados da África e deportados no fundo de um porão por várias semanas, período chamado de "a passagem do meio", em inglês *the middle passage*, desembarcaram no mundo desconhecido das Américas, onde foram vendidos e revendidos, embrutecidos pelo trabalho. Desprovidos de qualquer referência, lançaram-se, entretanto, no novo território e conseguiram extrair os segredos de suas plantas. Aquelas que envenenam o gado do senhor e, eventualmente, o próprio senhor. Aquelas que destroem os embriões plantados pelo senhor estuprador, ou o fruto de amores trágicos, salvando do inferno da escravidão crianças que suas mães teriam amado de todo o coração se tivessem vivido. A gente sempre pode escolher entre ser uma minhoca ou ser uma estrela. E, no drama do período escravagista, eu me curvo perante as mulheres e os homens que deram valor à sua existência, provando, assim, que as piores violências não conseguiram despojá-los de sua humanidade. Presto homenagem a esses ancestrais, ilustres e anônimos.

E como se ajustar à moral?
E os senhores, cruéis durante a semana e misericordiosos por uma hora aos domingos, como eles se ajustaram à questão moral?

Não é possível comparar aqueles que assentaram friamente seu conforto, sua riqueza e sua dominação na deportação, exploração, assassinato de outros seres humanos, àqueles que, para defender suas vidas, sua crença na igualdade, valor supremo da liberdade, abalaram um sistema abominável e criminoso. Passaria pela sua cabeça comparar as atrocidades nazistas com as sabotagens da Resistência durante a Segunda Guerra Mundial? Deixe a moral hipócrita para os fariseus. Estou falando sobre ética. Estou falando sobre as engrenagens da política.

Não fique brava. Você sabe muito bem que eu concordo com você. Me conte mais sobre os negros marrons *de quem você tanto gosta.*

Eu amo os negros *marrons*, bem como todos os insurgentes, rebeldes, amotinados, resistentes e abolicionistas de todas as épocas e de todas as causas. Frederick Douglass, o ex-escravo que tanto fez pela abolição e pelos direitos civis nos Estados Unidos, disse: "Se não houver luta, não há progresso. Os limites da tirania são estabelecidos em função da resistência dos oprimidos". Ele dizia que não se pode amar o oceano e rejeitar o estrondo das tempestades, o movimento das correntes e o quebrar das ondas.

Eu poderia também, pensando em não a privar de nenhuma ascendência ou referência, citar Étienne de la Boétie, uma mente brilhante e precoce, que questiona a legitimidade da autoridade que impõe a submissão no livro *Discurso sobre a servidão voluntária*, publicado no século XVI.

Temos a sorte de viver em uma época em que a palavra escrita e a ação cívica, social e política afastaram a necessidade de lutas físicas. Alegremo-nos, mas cuidando para não pensar que é inútil lutar por um mundo mais justo e fraterno. Isso significaria uma traição à nossa herança.

Sim, senhora. Que tal parar de me deixar deprimida com a história dos negros marrons *e rebeldes que você tanto ama?*

Obviamente, tenho minhas preferências. Primeiro, procuro pelas mulheres. E eu vivo pedindo aos historiadores que as encontrem. Elas forçosamente deixaram pistas, mesmo que estas se encontrem enterradas ainda mais fundo do que as dos homens. Todos párias. Enquanto isso, uso com proveito a vida de Solitude,[2] companheira de Louis Delgrès, enforcada um dia depois de dar à luz por ter lutado até o fim contra o restabelecimento da escravidão por Richo Ponsa em Guadalupe, sob as ordens de Napoleão Bonaparte. E eu venero Louis Delgrès, guadalupense, coronel do Exército francês, que decidiu morrer com seus homens fazendo explodir o Forte Matouba, onde travaram sua última batalha contra as tropas de Richepance. No dia 10 de maio de 1802 — lembre que a lei foi definitivamente adotada em 10 de maio de 2001 —, Delgrès escreveu um texto sublime intitulado *À l'univers entier, le dernier cri de l'innocence et du désespoir* [A todo o universo, o último grito da inocência e do desespero], cujas primeiras palavras são: "É nos mais belos dias de um século para sempre famoso pelo triunfo do Iluminismo e da filosofia, que uma classe de infelizes, que se desejava aniquilar, vê-se obrigada a levantar sua voz para a posteridade, a fim de lhe dar a conhecer, quando tiverem desaparecido, sua inocência e seus infortúnios".

E volto às mulheres: Madeleine Clem, Rosannie Soleil, Marie-Thérèse Toto, Adélaïde Tablon, e, claro, Harriet Tubman, Isabela Baumfree, conhecida como Sojourner Truth, e tantas outras.

---

2 A repressão contra os guadalupenses que lutaram com Delgrès pela liberdade foi de extrema selvageria. Não poupou as mulheres que também empunharam armas. A mulata Solitude estava entre elas. Grávida, foi gravemente ferida durante os combates. Foi por pouco que a deixaram dar à luz antes de ser enforcada como exemplo, junto com outras companheiras e companheiros de infortúnio, num dos patíbulos erguidos no largo Novilos, em Basse-Terre.

***

Eu entendo quando você diz que eles lutavam por liberdade e igualdade.

Ao preço do sacrifício supremo. E um homem como Marat, sobre o qual você só deve ter aprendido na escola que foi assassinado na banheira por Charlotte Corday, escreveu em 1791: "Para se livrar do julgo cruel e vergonhoso sob o qual gemem, os negros e mulatos estão autorizados a usar de todos os meios possíveis, da própria morte inclusive, mesmo que se vejam obrigados a massacrar até o último dos seus opressores".

É realmente um mundo de grande violência!

Lamentavelmente, sim. A violência absoluta do tráfico de escravizados e da escravidão é o reflexo das relações e dos confrontos sociais.

E certamente havia mulheres em torno de Toussaint Louverture?

Sem dúvida! Da mesma forma que havia mulheres ao lado de Makandal, um *marron*, de São Domingos; de Boni, outro *marron*, de Prestígio, na Guiana; de Pompeu, *marron*, guianense; de Gabriel, *marron*, ameríndio, guianense; de Fabulé, *marron*, martinicano; de Ignas, o primeiro rebelde de Guadalupe. Mas as mulheres não se encontravam apenas ao lado desses homens magníficos. Elas estavam nos campos de batalha. Dentre algumas brilhantes líderes, havia Dandara no Brasil, Lumina Sophie na Martinica, Solitude em Guadalupe, Romaine na Guiana.

Suponho que não havia apenas negros marrons *e escravizados submissos. Você comentou sobre o envenenamento de gado e de senhores. O que faziam os que não fugiam?*

Ensinaram a você que os negros *marrons* eram escravos fugitivos. A palavra *"marron"* vem do espanhol *cimarron*, nome dado a um animal doméstico que voltara ao estado selvagem.

Parece também que a palavra *"esclave"* [escravo] poderia ser aproximada ao termo *"slavon"*, pois os primeiros cativos provinham dos países eslavos. Mas não se prenda à etimologia.

Guarde na memória que não pode haver equação entre fuga e marronagem. As pessoas não se tornavam *marrons* nem por acaso, nem por imprudência, nem, sobretudo, por covardia. Era uma escolha. Com conhecimento de causa, correndo riscos enormes, pois, lembre-se de que, nos termos do artigo 38 do Código Negro, o escravizado recapturado devia ter a orelha cortada, ser marcado com ferro em brasa, ter o jarrete cortado — note, de passagem, o uso de um vocabulário zoológico. Na terceira vez, era condenado à morte. Mas não uma morte suave. Esquartejado, enforcado, queimado. Unidades de guardas de caça, acompanhados de cães fila e buldogues treinados para comer negros, eram especializados em caçada humana na floresta. Veja como a alternativa era terrível, não entre a obediência de cidadãos razoáveis e a fuga de antissociais ou covardes, mas entre o inferno das plantations e a promessa de um inferno em caso de captura.

Múltiplas formas de resistência e sabotagem existiam fora da marronagem: incêndios de plantations; resistência cultural por meio do florescimento de cantos, contos, danças, ritmos de tambor; resistência religiosa com sincretismos forjados no cruzamento de várias crenças animistas e de místicas monoteístas. Resistência sobrenatural, por meio de escapadas mentais, transes ou rituais mágicos. Existem histórias magníficas em torno de figuras excepcionais, durante ou logo após a escravidão, como as narrativas sobre Boni na Guiana, Estebán em Cuba ou Besouro no Brasil.

Na verdade, são lições de coragem e engenhosidade.

Dois belos valores, não é? Essas lutas, que começaram diante de ataques nas aldeias africanas mais remotas, prosseguiram nos navios e às quais é preciso incluir a resistência dos ameríndios, adotaram as formas mais adequadas aos lugares e aos momentos. Encontraram sua dimensão fraterna nos movimentos abolicionistas representados por grandes figuras como Schoelcher, Abade Grégoire, Condorcet, Wilberforce, entre outros, fossem eles defensores da abolição imediata ou sob determinadas condições. É lógico que eu prefiro os adeptos incondicionais, como Victor Hugo, que exigia na tribuna da Assembleia Constituinte, em 15 de setembro de 1848, "abolição da pena de morte pura, simples e definitiva". Pensando nisso, já falei a você do Papa Gregório XVI? Em sua bula *In suprema apostolis fatigio*, em 1839, ele declarou: "[...] desejando afastar tão grande opróbrio em todos os países cristãos [...], advertimos pela autoridade apostólica, e com veemência conjuramos no Senhor todos os fiéis, de qualquer condição, que nenhum deles se atreva no futuro a atormentar injustamente os índios, os *negros* ou demais semelhantes, ou despojá-los de seus bens, ou reduzi-los a servidão, ou *prestar auxílio* ou *beneficiar aqueles que se permitirem tais violências contra eles*, ou praticarem esse comércio desumano pelo qual os negros, *como se não fossem homens, mas meros animais reduzidos* à servidão, da maneira que for, sem nenhuma distinção e contra os direitos da justiça e da humanidade, são comprados, quiçá vendidos, para exercer os trabalhos mais penosos".

Então, havia coisas ruins, mas também coisas boas na Igreja?
Obviamente. Não se deve perder a confiança na Igreja Católica Apostólica Romana.

Foi um pouco tardio, é isso?
Pelo menos esse texto é inequívoco. E parece, mas nunca encontrei indícios, que o Papa Nicolau V modificou a sua bula *Romanus Pontifex* de 1454, autorizando o rei Afonso V de Portugal a praticar o comércio de escravizados. As protelações da

Igreja reforçaram ainda mais o mérito de padres que, como o Abade Grégoire, abraçaram a causa dos escravos. Às vezes, as instituições tornam os homens virtuosos. Mas acontece de os homens valerem mais do que as instituições.

Mas então, em relação a tudo isso que você está me dizendo, podemos considerar que os marrons, e mesmo os escravizados, trouxeram ao mundo formas originais de luta e até mesmo uma filosofia de resistência?

Incontestavelmente, eles legitimaram o direito de resistir à opressão, elevando-o a um patamar altíssimo, mesmo quando essa opressão era prevista em lei. As escolhas, as lutas e as razões que os moviam são comparáveis à resistência contra o regime nazista, à insurreição dos povos colonizados e, igualmente, às declarações sobre "a força injusta da lei".

E, graças a essas criações artísticas e sincretismos religiosos que você mencionou, pode-se considerar que eles também enriqueceram o patrimônio cultural mundial?

Sem sombra de dúvida. Além de novas linguagens técnicas e saberes criados em território desconhecido; além das invenções culinárias, da combinação de crenças, eles deixaram uma marca duradoura. Pense no que seria a música do século XX sem a contribuição do jazz. Veja como irradia, aproxima pessoas e culturas. Da violência e do horror supremos, esses homens fizeram desabrochar uma música de riqueza prodigiosa e inexplicável generosidade. Você não acha isso fascinante?

Estou maravilhada!

E você ficará mais ainda quando descobrir o Chevalier de Saint-George, guadalupense de múltiplos talentos como esgrimista, bailarino e músico; maestro entre os melhores da Europa, considerado o Mozart negro. Era a segunda metade do século XVIII. Bem antes da Revolução, bem antes da abolição da escravidão. Ele foi nomeado diretor da Ópera Real por Luís XVI, teve de renunciar ao cargo, pois duas cantoras se recusaram a ser "dirigidas por um negro"! Ele lutou para defender os ideais da Revolução enquanto coronel da notável, embora pouco conhecida, Legião Franca de Cavalaria, chamada também de Legião de São Jorge. Imagine que, na Guiana e em outras ex-colônias, por ignorância de sua verdadeira história, as pessoas usam essa expressão quando uma situação está perdida ou um problema é insolúvel: "Precisamos mandar a Legião de São Jorge!".

A História é mesmo um tecido de contradições!

No mínimo. Por falar nisso, você sabia que Alexandre Dumas, autor de *Os três mosqueteiros* e de *O conde de Monte Cristo*, era mestiço? Você sabia que o maior poeta russo, Aleksandr Púchkin, era um bisneto mestiço de Hannibal, um africano que foi levado à corte do tsar e se tornou chefe dos Exércitos?

Seja como for, ainda resta muito a fazer.

Por exemplo?

Lutar incansavelmente para acabar com o racismo, que está particularmente enraizado nas grandes teorias que justificavam a escravidão.

Mas você me disse rapidamente outro dia que houve um grande avanço na Conferência Mundial Contra o Racismo, Discriminação Racial, Xenofobia e Intolerâncias Correlatas realizada em 2001, em Durban.

Com certeza. Mas isso está longe de ser suficiente. E, catorze anos depois, a avaliação feita pela ONU tem causado legítimas decepções. Por outro lado, a década de 2015-2025 é dedicada aos afrodescendentes. Aqui na França e em vários países da Europa, há um trabalho colossal a ser realizado para o reconhecimento da pluralidade, suas fontes, seu significados, seu alcance, suas potencialidades. E ainda há tantas vitórias a serem conquistadas.

E se começássemos por...
Retirar a palavra "raça" do artigo 1º da Constituição francesa.

As reparações

Não entendo esse grande debate sobre as reparações. Afinal, o dinheiro não compra tudo!

Você tem toda a razão. Mas o debate sobre a reparação ainda é insuficiente.

Mas ouvi você dizer que era contra. Você não vai mudar de opinião só para me contradizer!

Eu nunca disse que era contra a reparação. Correndo o risco de provocar a ira das pessoas mais engajadas, de ser cumulada de injúrias e de acusações falsas — que não faltaram —, sempre expliquei que eu era contrária à indenização financeira individual que alguns reivindicavam. E persisto. Isso não me impede de estar convencida de que a reparação se impõe.

Isso está ficando complicado. Explique-se.

Tentemos primeiramente nos entender quanto às palavras. A indenização financeira individual significa que seria dada a cada um uma quantia — mesmo que, evidentemente, fosse complicado definir a quem ela caberia — em ressarcimento pelo sofrimento suportado por seus ancestrais. Você vai concordar que é de dar náusea. Isso autorizaria a qualquer um dizer que as contas foram acertadas, que pela segunda vez os seres humanos foram comprados, que se sabe qual é o preço do sofrimento humano, que finalmente esse sofrimento não era tão grande, já que pode ser avaliado. E viva o consumo! Todo esse dinheiro reintegraria os circuitos comerciais. Teriam procedido a um aumento do poder aquisitivo dos descendentes de escravizados, teriam sido mais bem integrados ao mercado, teriam sido tratados, ao mesmo tempo, como consumidores e reduzidos ao silêncio.

É o que eu penso também. Mas fazendo uma reflexão, depois de tudo o que se sabe sobre o tráfico e a escravidão, não podemos nos contentar em dizer "é um crime contra a humanidade" e não o punir.

Não. Alguns falam de compensação. Essa palavra me parece infeliz. Supõe que um apaziguamento ou uma satisfação sejam possíveis, provavelmente a partir de um gesto financeiro. A palavra "compensação" evoca uma igualdade, uma balança, um restabelecimento de equilíbrio. Não posso concordar com isso. Estando esclarecida esta parte, pelo menos assim espero, digamos sem ambiguidade que o crime é ir-re-pa-rá-vel. Que qualquer tentativa de avaliação dos danos seria indecente.

Mas seria obsceno achar que tudo termina nisso, ou declinar, com ares beatamente intimidados, que a reivindicação de reparações financeiras está fora de questão, portanto fora de discussão. A radicalidade gerando a radicalidade, as partes seriam levadas para uma dinâmica de escalada, e realmente para um confronto estéril, enquanto não for estabelecido o princípio da reparação. É o que está implícito na decisão de atribuir a essa abominação o único status concebível: o de crime contra a humanidade. Em caso de recusa de diálogo, as vozes intransigentes farão com que se cale, mas espero que só por um tempo, a voz daqueles que tentam implementar os atos de justiça necessários.

Mas quais são as alternativas para a reparação? E o que você chama de "reparação"? Aliás, quem deve reparar o quê e para quem?

São as únicas questões verdadeiras. É ainda mais difícil respondê-las na medida em que ainda se tenta compreender o que aconteceu. É certo que a qualificação de crime e a condenação induzem à questão da punição. É preciso dizer que o recuo da impunidade para os autores de crimes muito graves constitui um progresso considerável, sobretudo na escala do direito internacional. Você ouviu falar sobre os Tribunais Internacionais para a ex-Iugoslávia, Ruanda, Serra Leoa. Esses tribunais foram concebidos com a mesma lógica que o Tribunal de Nuremberg, criado em 8 de agosto de 1945, cujo estatuto definia pela primeira vez, no artigo 6º, o conceito de crime contra a humanidade para aplicá-lo ao Holocausto. Contrariamente à Corte Penal Internacional, que se atribuiu missões universais, esses tribunais visam a situações particulares. Sendo assim, penso que só as pessoas físicas podem ser declaradas culpadas, mesmo quando pervertem os aparelhos de Estado para cometer seus crimes e amplificar seus efeitos.

Então qualquer ação judicial é impossível já que os culpados desapareceram?

Cento e cinquenta anos após a supressão da escravidão, considerando apenas a data da segunda abolição nas colônias francesas, não há mais culpados vivos. Mas permaneço fiel ao princípio democrático da culpa individual. Não levo em consideração a ideia de hereditariedade da culpa. De meu ponto de vista, as possibilidades de castigo estão extintas.

Confesse que de toda maneira é prático para os criminosos. Basta que se escondam bem e deixem o tempo passar.

Não é tão simples assim. É preciso lembrar que o crime contra a humanidade é imprescritível, o que significa que se responde por ele até a morte. Está inscrito no direito francês desde a lei de 26 de dezembro de 1964, e no direito internacional desde a Convenção da ONU de 26 de novembro de 1968. Seja como for, constatar a morte dos culpados não significa que não se tenha de examinar as responsabilidades. Sobre isso, alguns juristas têm se debruçado sobre a questão da imputabilidade.

Uau, vocês adultos adoram palavras complicadas. É para nos excluir e melhor estabelecer a autoridade de vocês?

Essas palavras complicadas têm, sobretudo, a vantagem de serem precisas. Proponho a você a definição de Paul Ricoeur, segundo a qual a imputabilidade é "a capacidade de um agente humano se deixar atribuir uma ação boa ou má, como sendo ele mesmo o verdadeiro autor dessa ação".

Você vai me desculpar, mas continuo vendo tão pouco quanto no corredor que leva ao sétimo quarto do Barba Azul.

Digamos de forma mais simples que a imputabilidade permite designar o autor de um ato, que aliás não é necessariamente um delito ou um crime. É o que, em linguagem corrente e patriarcal, sobretudo quando se trata de atos gloriosos, se chama de paternidade dos fatos. No caso do tráfico de escravizados e da escravidão, seria preciso definir o mais precisamente possível as pessoas físicas ou morais que realizaram diretamente as obras que fizeram o infortúnio das pessoas e dos povos, e comprometeram sua existência coletiva. Isso vale também para a abolição. Não é uma simples questão de técnica jurídica. Só um procedimento de um tal rigor permitiria apreender esse drama em todas as suas dimensões e desalojar suas fontes vivas e instigadoras. Inclusive as que sobreviveram à abolição. Quando o trabalho de imputação destaca a responsabilidade dos Estados nas companhias de monopólio, e depois na gestão das licenças de tráfico, ou nas políticas fiscais de incentivo ou taxação, permite mensurar bem a amplitude desse empreendimento, buscar seus efeitos sobre as políticas públicas, compreender seu papel na organização dos territórios coloniais e na acumulação do capital útil para as metrópoles. Também permite perceber a parte tomada por cada um dos atores em seu próprio nível, pois o papel dos intermediários, embora condenável, não poderia ser confundido com o dos comanditários e dos principais beneficiários.

Todas essas sutilezas nada diminuem o horror. Servem mais para confundir a mente.

Elas ajudam a não perder o pé depois da conscientização do que foi essa tragédia humana perpetrada impunemente durante séculos. Por outro lado, é uma exigência democrática. Não se deve condenar cegamente, mesmo que os fatos sejam monstruosos.

Você tem o direito de querer ser uma santa. Eu não quero. Estou com raiva.

Estou longe de ser uma santa e não tenho a ambição de ser, de forma nenhuma. Compreendo sua raiva, pois eu também a sinto. Tento simplesmente controlar a minha. Para que ela não me devore. Para que ela não me consuma. Para que ela não me esgote em repetições impotentes, enquanto se perpetuam injustiças, cuja origem reside na banalização e na justificação desse crime. Faço o que posso para transformar meu ressentimento em entusiasmo e em combatividade. Sei, por temperamento e por experiência, que os sentimentos fortes são o combustível da ação. Acertei minhas contas com o ódio, expulsei-o de meu coração. Mas continuo a contar com minha raiva e meu fervor. Eles despertam assim que estou na presença da injustiça, onde quer que eu esteja. E se me acontece tão frequentemente de sair às ruas ao lado de militantes pela paz, de combatentes da justiça, da liberdade, da solidariedade, inclusive em países onde às vezes estou simplesmente de passagem, é porque acredito que a luta contra a injustiça não deve ter fronteiras nem interrupção. Você vai ver. Você vai admitir a necessidade dessa abordagem rigorosa quando você compreender que ela é que permite estabelecer a parte considerável que os negros *marrons*, os insurretos, os resistentes, os justos, todos os condenados da terra, solidários e exigentes, tiveram na abolição da escravatura. É o único meio de não privar as vítimas dessa vitória magistral, que é o que fazem, ainda que inconscientemente, aqueles que reduzem a abolição a um ato de generosidade grandiosa, é verdade, mas resumindo-se a um decreto. A verdadeira vitória, a definitiva, foi a destruição do sistema escravagista por lutas diversas e obstinadas.

Só a verdade é revolucionária!

Oh!, a senhorita leu Mao. Que cultura! Nestes tempos de mercado sedutor e de ideologia confusa, é impressionante!

Enquanto isso, talvez a imputabilidade satisfaça a curiosidade, mas ela proíbe qualquer represália.

Em primeiro lugar, as represálias não são um ato de justiça, mas de vingança. A vingança situa-se na escala dos indivíduos. É na escala da ação coletiva que é preciso buscar a justiça, a sanção.

Fato é que, enquanto se fazem belas frases sobre a justiça, os assassinos estão mortos e tranquilos.

Eu me curvo diante da sua impaciência e da sua exasperação. Vamos nos entender. Não tenho intenção de apresentar uma satisfação fácil e rápida, defendendo atos de justiça em vez de operações de revanche. A vingança se contenta com aproximações e frequentemente faz enormes estragos colaterais. A justiça exige verdade e precisão. E se nem sempre apazigua o coração, ela satisfaz o espírito. Porém isso se aprende com o tempo. E sinto que vou te irritar ainda mais quando apresentar discussões sobre a noção de culpa e de responsabilidade.

***

Vamos então analisar isso a fundo. Você mesma não escreveu que esse crime era órfão?

Eu não quis dizer que ele não tinha autor. Eu estava estigmatizando o fato de que, apesar de sua amplitude transcontinental, sua muito longa duração, o número considerável de vítimas, os métodos assustadores e as justificativas monstruosas, esse crime ainda não tinha recebido um nome! Hoje, está feito. O crime está nomeado, é qualificado, tem um estatuto. Entretanto, nem tudo está fechado. Recusar uma culpa hereditária e exigir que a imputação dos diversos atos seja a mais exata possível não suprime as responsabilidades.

Se volto a falar de culpa, é porque desejo abordar com você essa questão pelo ângulo do discurso mais grave e mais ignóbil, aquele que consiste em se camuflar por trás de textos existentes na época para justificar a ignomínia. A noção de culpa baseia-se na transgressão de regras jurídicas ou morais. Quando falávamos do modo de organização das sociedades europeias em torno da economia do tráfico, expus para você essas leis do Código Negro e essa moral da maldição, assim como essas teorias, brutais ou disfarçadas, da superioridade ocidental. Ainda hoje há pessoas, entre as quais algumas estão investidas de uma autoridade oficial, para invocar a existência de leis autorizando ou mesmo encorajando o comércio negreiro e a prática da escravidão, e para declarar que não houve transgressão, com o pretexto de que as leis a permitiam e que as consciências não eram tão esclarecidas quanto hoje.

Não se pode dizer que a consciência dessas pessoas seja muito esclarecida também!

A bem dizer, essas pessoas fazem a demonstração do contrário do que afirmam, pois seu nível de consciência se revela efetivamente sumário. E se podem apresentar tais argumentos, exercendo altas responsabilidades, depois de duas Declarações dos Direitos Humanos, depois de todos esses textos internacionais que evocamos, depois da criação de tribunais internacionais e da Corte Penal Internacional, depois de tantas disposições legislativas, tantas estruturas militantes, elas são a prova viva de que se pode fazer de conta que não se vê, num mundo em que a mais modesta associação invoca os direitos humanos. Mesmo quando textos de lei e um extraordinário arsenal de teorias tentavam legitimar práticas bárbaras, a consciência humana já cultivava os valores fundamentais da integridade da pessoa, da unicidade da condição humana, da liberdade inalienável. Não existe darwinismo moral. Não acredito numa espécie de progressão que partiria do instinto para o pensamento, antes de se iniciar na solidariedade. Se tantas imposturas, balelas, fábulas foram necessárias, é porque essas pretensas leis já eram confusamente percebidas como contrárias ao direito natural. Já no século I antes da Era Cristã, Publílio Siro, que nasceu escravizado, grande poeta em Roma, afirmava que, "ali onde não há lei, há a consciência". E, ali onde as leis ferem a ética, há a liberdade de desobediência. É o que faz Antígona na peça de Sófocles.

Não só é desonesto, mas é brincar com fogo. Depois da Segunda Guerra Mundial, ninguém disse aos judeus que, em razão das leis do marechal Pétain, o genocídio era legal.

E é bom que ninguém tenha ousado. Ao contrário, em razão da imprescritibilidade do crime contra a humanidade, Klaus Barbie, Paul Touvier, Maurice Papon foram chamados a responder por seus atos, apesar da idade muito avançada.

Essa maneira de nos tratar diferente é nojenta. Compreendo que, na falta de culpados, seja importante designar responsáveis. Mas como fazer, se não se pode mais incriminar ninguém?

É preciso compreender que ser responsável é primeiramente responder. Responder por seus próprios atos, mas também pelo que se deixou fazer a outrem. É igualmente interrogar o meio e o quadro histórico desses atos condenáveis. Desse ponto de vista, os governos atuais dos países que foram potências escravagistas não podem ignorar todos os benefícios que suas economias, em um sentido muito amplo, auferiram do tráfico e da escravatura.

Isso vai ser mortal!

No mínimo, doloroso. Mas a questão não é só material. É como o mundo funciona. Esconder-se atrás da realidade dos textos jurídicos e eclesiásticos para repetir que não houve crime e que não há nada a reparar, porque não houve transgressão de regras penais, equivale a fazer juridismo e renunciar à ética. Agir assim não é só encorajar o arbitrário e a covardia, mas também desaprovar a coragem e a probidade. É se colocar do lado dos negreiros contra aqueles que, anônimos ou famosos, arriscando sua tranquilidade e pondo em perigo sua liberdade, incansavelmente denunciaram o horror. É escolher Gobineau contra Schoelcher, Hegel contra o Abade Grégoire. É preferir Rochambeau, que dava negros para seus cães comerem, a Toussaint Louverture, que nunca deixou de acreditar na fraternidade dos homens. É absolver Bonaparte por ter restabelecido a escravatura, e banir da consciência universal Delgrès, Boni, Solitude, Pompée, Ignace, Fabulé, grandes figuras da marronagem ou da resistência. É espezinhar a luta dos quakers e os sacrifícios de Harriet Tubman. É apoiar a Ku Klux Klan em seus ideais macabros. É juntar-se aos senhores implacáveis contra os escravizados e os negros *marrons*. É aliar-se aos armadores ambiciosos contra os aldeões de Champagney, os operários de Paris, os operários das fábricas de seda de Lyon, os aldeões de Barbechat e todos os que foram solidários com as insurreições.

As antigas potências escravagistas não podem de forma alguma negar sua responsabilidade no tráfico e na escravidão, bem como na maneira como se deu a saída do sistema escravagista...

E o que é isso?
São as disposições que prevaleceram depois da abolição. Os senhores, e só eles, se beneficiaram com uma lei de indenização que avaliava sua perda conforme a idade, a estatura, a força de trabalho e o número de escravizados que detinham em "bens móveis e bestas de carga" em suas plantations. Essa mesma lei os obrigava a investir um oitavo do valor dessa indenização no capital de novos bancos criados. Em outras palavras, os poderes públicos cuidaram não só em manter o nível das rendas dos antigos senhores, não só em iniciar para eles um processo de acumulação de capital, mas também em assegurar, quase apesar deles, a despeito de seus hábitos aproveitadores, os meios de controlar permanentemente o capital financeiro. Ainda mais porque esse controle dos bancos se acrescentava à manutenção de um patrimônio que provinha da apropriação das terras, único procedimento de acesso aos bens no tempo das colônias. A saída do sistema escravagista fixou por muito tempo o destino de alguns, os descendentes dos senhores: a propriedade da terra, o acesso ao capital financeiro, os meios para se abrir para outras atividades econômicas. Quanto aos outros, os descendentes de escravizados, suportaram o desfecho que os deixou à mercê dos poderosos, que os condenou ao corte de cana, depois ao desemprego, depois ao RMI.*

---

* Sigla para *"Revenu Minimum d'Insertion"*, Renda Mínima de Inserção, um subsídio do governo francês instaurado em 1988 para pessoas ou famílias cuja renda global é inferior a um determinado patamar e não preenchem condições para receber o seguro-desemprego. [N.T.]

Poderíamos pensar que era uma fatalidade!

Felizmente, houve exceções a essa regra. Assim, à custa de uma vontade indômita, alguns desses trabalhadores enviaram seus filhos à escola, o elevador republicano. De onde emergiram uma elite e uma classe média, ainda expostas às injustiças e às desigualdades, mas decididamente fora do esquema binário: o dono das propriedades rurais e da fábrica, de um lado, os operários pobres e iletrados, de outro.

Na Guiana e no conjunto do planalto guianense, onde a floresta amazônica foi cúmplice protetora da marronagem, os últimos escravizados, ainda presentes nas plantations no momento da abolição, apressaram-se em se afastar na floresta a fim de cultivar *abattis*[1] por sua própria conta. Nesse caso, foi o Estado que se comportou como predador fundiário, usando de seus poderes *régaliens*. Trata-se de poderes que o Estado não pode delegar, mas sobretudo dos quais pode se servir com o argumento suficiente da razão de Estado.

Felizmente, os povos frequentemente têm temperamento contestador. Sua vigilância e sua capacidade de organização para protestar são muralhas de proteção contra os excessos, sabendo, no entanto, que os poderes têm por vezes uma incalculável capacidade de dissimulação. É interessante observar que *régalien* vem do latim *regalis*, "real", e que, na origem, ou seja, no Antigo Regime, denominava-se assim o direito do rei de receber as rendas dos bispados vacantes. Você provavelmente sabe que, até a ab-rogação da última Concordata pelo Parlamento francês em 1905, a Igreja e o Estado se confundiam ou se entendiam justamente por meio dessas concordatas. Como você vê, a separação da Igreja e do Estado, do poder temporal e do poder espiritual, tem exatamente um século.

---

1 Terrenos desmatados, que ainda não estão limpos das raízes, nos quais são cultivados legumes e tubérculos.

***

E vocês agem como se nada tivesse mudado desde então!

Não é o meu caso. Passo meu tempo explicando que a História é questão dos homens, e o que os homens fazem, os homens podem desfazer. As instituições, as práticas são categorias históricas. São datadas. São variáveis no espaço. São finitas no tempo. Cada geração tem o direito de desfazer o mundo e de refazê-lo conforme seus sonhos. A menos que se tenha alma de rentista.

Para bom entendedor, meia palavra basta. Então, me explique, pois não tenho alma de quem vive de renda. O Estado, portanto, usou de seus poderes régaliens para se apropriar das terras no lugar dos antigos senhores, é isso?

É mais ou menos isso. Foi outorgada ao Estado a totalidade das terras vacantes e sem dono por decretos-leis reais em 1825. Era fácil encontrar grande quantidade de terras nessas condições, nas quais haviam sido dizimados, ou obrigados a recuar, os povos ameríndios — que, aliás, refutam a ideia de propriedade da terra —; depois, haviam sido bestializados os povos africanos, afastados os *créoles*,* antes de instalar colonos a quem eram oferecidas imensas concessões florestais ou agrícolas. Tudo isso num território onde não existe nenhum cadastro. Assim, foram confiscadas as terras para serem atribuídas de modo arbitrário àqueles que o Estado transformava em aliados objetivos, ou para permanecer como patrimônio do próprio Estado, que opõe sua supremacia ao direito dos cidadãos.

Evidentemente, sem terra, nada pode ser construído.

Exato. Mas tem coisa pior. O último decreto francês de abolição da escravatura é objeto de um verdadeiro tropismo. As pessoas frequentemente se esquecem de levar em consideração

---

* Descendentes de africanos nascidos no país. [N.T.]

os efeitos da primeira abolição, que, aliás, reconhecia que os negros *marrons* e os escravos insurretos tinham se libertado por eles mesmos. Igualmente se esquecem de que a colônia de São Domingos, também chamada Hispaniola, considerada a "pérola das Antilhas", proclamou sua independência em 1804, ao cabo de treze anos de guerra pela independência. Ou seja, 44 anos antes do decreto de 27 de abril de 1848. Ora, o que aconteceu? A França Imperial não aceitou que os generais Toussaint Louverture, Dessalines, Pétion e Christophe derrotassem os valorosos soldados de Napoleão. Tentou várias vezes retomar a colônia, obrigando a jovem República do Haiti a despender somas colossais na construção de fortes e de cidadelas para evitar uma derrota e o restabelecimento da escravidão. A antiga metrópole francesa impôs um embargo que lhe permitiu exigir o pagamento de uma indenização que Luís Filipe I, rei dos franceses, justificava assegurando que ela "representava bem pouco o que os colonos haviam perdido, não o preço da independência do Haiti, mas um direito incontestável". É isso. Esse mesmo rei, visto, porém, como favorável às ideias revolucionárias, considerava que não se podia contestar o direito à reparação para os colonos que tinham perdido seus escravizados, as terras que eles haviam confiscado e as oportunidades de prosseguir seu enriquecimento. E não é só isso. Em 5 de julho de 1825, ou seja, 21 anos após a independência haitiana altivamente conquistada, e por um alto preço, a monarquia francesa conduzida por Carlos X reconhece a nova república em termos inimagináveis, "[concedendo] aos habitantes atuais da parte francesa da ilha de São Domingos a independência plena e completa de seu governo".

A parte francesa?

É. Na noite de 22 para 23 de agosto de 1791, na floresta de Bois Caïman, ocorre uma cerimônia em que os escravizados juram libertar a colônia e dar sua vida, se necessário, para a supressão da escravidão. É o pontapé inicial da insurreição que culmina com a independência em janeiro de 1804. A partir desse momento, os antigos senhores e colonos administrativos se agrupam na parte oriental da ilha de Hispaniola que se torna República Dominicana, hispanófona. A parte ocidental ocupada pelos ex-escravizados e negros *marrons* liderados por seus generais, designada como parte francesa, mas na realidade crioulófona, torna-se Haiti, Anacaona, por seu nome ameríndio. E é a essa parte, livre há mais de vinte anos, que o rei dos franceses "concede" a independência!

Quando você conta, você me deixa arrasada!

Espere, minha pérola. O melhor está por vir. Em contrapartida a esse condescendente reconhecimento, o Haiti devia se comprometer em pagar para a França 150 milhões de francos-ouro em cinco anos, ou seja, 30 milhões por ano, para indenizar os colonos. O governo haitiano, cujo presidente se chamava Boyer, aceitou. Ao mesmo tempo, consentiu uma redução da metade dos direitos de importação sobre a entrada dos produtos franceses.

Em outras palavras, o Haiti contraía uma dívida e perdia receitas?

As you say, dear. Especialmente porque os negociantes da importação-exportação eram franceses, alemães, espanhóis ou norte-americanos. E, para bem avaliar o tamanho dessa escroqueria, imagine que o orçamento anual da França nessa época elevava-se a 30 milhões de francos. Pedia-se aos 900 mil habitantes do Haiti que provessem, durante cinco anos, às necessidades totais daquela grande nação de 26 milhões de habitantes.

Carlos X era um grande aproveitador e Boyer um verdadeiro tèbè!²

Perceba que a brincadeira não durou cinco anos. O Haiti, estrangulado, teve que se submeter a acrobacias perigosas para tomar emprestado as quantias necessárias com juros primeiro de 20%, depois de 30%. Em seguida, contraiu um novo empréstimo para reembolsar o primeiro. Assim, teve início uma espiral de uma dívida externa de proporções abissais. Um século e meio mais tarde, a República Haitiana, exangue, havia depositado e reembolsado 80% do empréstimo, assim como substanciais juros. O Tesouro Público haitiano tinha se endividado junto a grandes bancos: Laffitte, Rothschild, depois junto ao Banco da União parisiense e ao City National Bank. Os capitalismos francês, alemão e norte-americano se revezam para despedaçar a fera. São os camponeses haitianos que, pelas taxas de exportação do café às quais estavam sujeitos, forneciam ao Estado o dinheiro necessário aos reembolsos.

É daí que vêm as famosas dívidas do Terceiro Mundo?

O Haiti é um caso especial, mas a escroqueria é do mesmo tipo por toda parte. Depois de confiscar as terras, espoliar os habitantes desses países, quando não eram simplesmente massacrados, depois de substituir as culturas de subsistência por cultura de renda necessárias para os mercados europeus, as antigas metrópoles implantaram dispositivos de empréstimos cujo objetivo consistia em tornar solváveis as ex-colônias que se tornaram independentes, a fim de que fossem capazes de comprar os bens, produtos e serviços vindos da Europa. Em resumo, para organizar sua dependência financeira, econômica e finalmente política, tornando a independência institucional apenas formal. No caso do Haiti, é ainda mais triste e injusto, porque a independência foi extorquida pela luta armada depois da violação dos acordos.

2 Palavra *créole* que designa o "idiota da aldeia".

***

Mas isso é monstruoso! Como se poderia recuperar isso?

Com a anulação da dívida dos países do Terceiro Mundo.

É por aí que começaria o processo de reparação?

Não. A dívida é uma escroqueria em si que é preciso abolir, inclusive nos países que não passaram pela escravidão. Também eles desmoronam sob o peso da dívida, e sobretudo de seus juros, que os financiadores europeus e norte-americanos chamam pudicamente de serviço da dívida, serviço tão importante, considerando as taxas praticadas, que quanto mais são pagas, mais resta a ser reembolsado. Mesmo tendo reembolsado mais do que o capital do empréstimo, os juros são tais que os países devedores nunca conseguem iniciar o reembolso do empréstimo. Essa trapaça criminosa priva gerações inteiras de educação, cuidados médicos, habitação e esperança.

E isso vale para todos os países, mesmo que a situação do Haiti seja tão excessiva que é caricatural. É preciso dizer que esse país já viu cada coisa! Suportou a dinastia dos Duvalier e sua milícia tristemente célebre, os *"tontons macoutes"*. O Exército norte-americano ocupou essa metade da ilha de 1915 a 1935, em nome da doutrina Monroe, a América para os americanos, que fez das Caraíbas e da América Central o quintal dos Estados Unidos. Exatamente no dia do desembarque, em 15 de dezembro de 1914, uma unidade de *marines* apossou-se de um milhão de dólares em ouro confiscados à força do Banco Nacional do Haiti e logo transferidos para os Estados Unidos pela canhoneira *Machias*, que havia transportado esses soldados de Miami à baía de Porto Príncipe.

Nos anos 1970, com o pretexto falacioso de uma suposta febre porcina, as autoridades norte-americanas fecharam suas fronteiras à importação de porco haitiano, exigindo que fosse abatido todo o rebanho, na totalidade do território, eliminando essa carne que tinha o notável defeito de ser muito competitiva.

A partir de então, os haitianos importam e consomem porco dos Estados Unidos.

Que beleza! Os Estados Unidos fazem coisas desse tipo? Fazem. Desse tipo e ainda piores. Mas não esqueça que os Estados Unidos são também a pátria de Langston Hughes[3] e de Chester Himes,[4] de James Baldwin[5] e de Malcom X, de Martin Luther King e de Spike Lee, de Carl Lewis, de Miles Davis e de Angela Davis. E que é igualmente a pátria e a terra de luta de John Brown,[6] de William Lloyd Garrison,[7] de Abraham Lincoln[8] e de outros brancos do NAACP.[9]

---

3 Langston Hughes (1902-1967): poeta afro-americano cuja obra é marcada pela militância política e o combate à discriminação racial (*A Pantera e o Chicote*, 1967). Eminente personalidade da Harlem Rennaissance, que inspirou o movimento da negritude. **4** Chester Himes (1909-1984): célebre escritor afro--americano. Em *A cruzada solitária* (1947), denunciava os problemas raciais no cerne das lutas operárias. Seu romance *O primitivo* (1955) narra os amores impossíveis de um negro e uma branca; com *A maldição do dinheiro* (1958), inaugurou uma série de romances policiais que punham em cena de maneira cômica, com uma grande lucidez, dois policiais negros no Harlem: Ed Cercueil e Fossoyeur Jones. **5** James Baldwin (1924-1987): escritor afro-americano. Desde seu primeiro romance, *Terra estranha* (1953), tornou-se com Richard Wright um dos melhores comentaristas da condição de seu povo nos Estados Unidos. Participou da marcha de Selma em 1965. **6** John Brown (1800-1859): norte-americano branco, abolicionista, tornou-se um símbolo da luta contra a escravidão nos Estados Unidos. Elaborou, em 1857, um plano visando libertar os escravos pela força armada. Detido e condenado à morte, Brown foi enforcado em Charlestown. Durante a Guerra de Secessão, a canção *John Brown's Body* fez dele um mártir da liberdade. **7** William Lloyd Garrison (1805-1879): abolicionista e filantropo norte-americano, foi uma das maiores figuras do antiescravagismo nos Estados Unidos. **8** Abraham Lincoln (1809-1865): décimo sexto presidente dos Estados Unidos, entre 1861 e 1865, declarou a abolição da escravatura, o que permitiu a libertação dos escravos em todos os estados. **9** NAACP: *National Association for the Advancement of Colored People*, grupo de pressão que exige a igualdade dos direitos para os negros no começo do século XX.

Mas é também a das leis de segregação Jim Crow.[10]

É claro. Mas é também a dos Panteras Negras e de Whitney Houston.

É também a da Ku Klux Klan e de John Edgar Hoover. Fiquemos ainda nas misérias deste mundo. Não captei muito bem a ligação entre tudo o que você me explicou sobre o Haiti e o debate sobre a reparação. Com exceção do fato de que, quanto aos ex-escravagistas, estes pediam reparação pela perda de sua mercadoria humana, mas não é um exemplo a ser seguido.

Com certeza não é no campo da estimativa do valor mercantil das pessoas que deve se situar o debate sobre a reparação. Tendo lembrado que o crime perpetrado é irreparável, parece-me sensato nos preocuparmos um pouco com o que seria conveniente fazer para corrigir, se não anular, as consequências que ainda vigoram na fabricação das injustiças e das desigualdades.

No entanto, você dizia que não havia culpados nem responsáveis.

De fato. Mas os governos atuais carregam a responsabilidade das sociedades atuais. Não podem fazer de conta que ignoram que a prosperidade das cidades atlânticas provém do ignóbil comércio e que a porção do mundo que foi massacrada em nome de Deus e do rei, sangrada pelo tráfico, embrutecida pela escravidão, pilhada pela atividade comercial e

---

10 Tudo o que, nos Estados Unidos, tem relação com a legislação racista dos estados do Sul, no tempo da segregação oficial, é designado pelo codinome Jim Crow. Se o Sul havia reintegrado a União depois da Guerra de Secessão, no entanto não havia admitido a emancipação dos escravos. O estabelecimento das leis "Jim Crow", cerca de vinte anos mais tarde, demonstra isso. Elas excluem a comunidade negra da vida econômica e política do país. O cançonetista Thomas D. Rice inventara, por volta de 1820, o personagem Jim, o Corvo — Jim Crow — com a aparência de um homem negro rude.

desorientada pela alienação, participou de maneira significativa da acumulação do capital na Europa.

O que é a acumulação do capital? É a segunda vez que você fala disso.
É o processo que consiste em reunir num mesmo lugar, num tempo reduzido, as quantias necessárias para financiar os equipamentos e os meios de fazê-los prosperar. Trata-se, portanto, de transformar o dinheiro líquido em fundos de investimento. Em nenhum momento na história humana, o acúmulo do capital foi feito sem pilhagem, sem violência e sem intervenção caucionada pelo Estado. Os processos mais eficazes e mais duradouros conjugaram essas três condições. Em outras palavras, as riquezas provenientes da pilhagem dos recursos minerais da África e das Américas, do comércio negreiro, da venda dos escravizados e do trabalho gratuito deles, a abertura de pontos de venda para os produtos europeus garantiram à Europa os meios de desenvolver a indústria, mas também a pesquisa, as ciências e as tecnologias, de financiar a conversão das economias feudais em economias agrícolas e produtivas, depois em economias industriais diversificadas.

E como fazer para retomar tudo isso?
Não se trata de retomar. Pois não se poderia distinguir o talento europeu nessa combinação que articula o dinheiro, o suor, a coerção, as circunstâncias favoráveis ou nefastas, e a inteligência. Esse talento europeu, aliás, foi desigual. Os resultados também, como demonstram os sofrimentos dos pobres e dos excluídos na Europa, camponeses, servos, operários, vagabundos, prostitutas e outros malditos.

O que a gente faz então? Desiste?
Não. A gente explica que políticas públicas devem ser dirigidas a um objetivo global que é corrigir os efeitos das desigualdades enraizadas na História e que ainda operam.

***

O que são as políticas públicas?

São o conjunto das ações governamentais num determinado setor. Por exemplo, a política pública dos transportes consiste em decidir que lugar deve ser reservado aos transportes coletivos terrestres — metrô, ônibus, trem —, que lugar para o carro, a bicicleta, o patinete, que lugar para o avião, e tomar decisões a partir disso.

A reparação supõe políticas públicas específicas, que são acrescentadas às obrigações vigentes. Falemos da política educativa. Sobre o tema que nos preocupa, ela teria como finalidade restituir às crianças, e em primeiro lugar aos professores, esses séculos de história enterrados sob uma capa de silêncio. Teria como objetivo permitir que essa história fosse sua obra de informação, de educação cívica, de mobilização das consciências para uma cultura da diversidade, da fraternidade, da paz e da resistência a todas as formas de opressão. Teria os meios de estimular a pesquisa e a elaboração de obras destinadas ao grande público e manuais escolares sobre esse período. E ela contribuiria para nomear as coisas. Reparar é enunciar o crime, qualificá-lo, dar-lhe um estatuto, lembrar que é imprescritível. O artigo 1º da lei cuida disso. Nomear os fatos, qualificá-los, é também reparar. A lei não o faz suficientemente. Ela não ousou manter a palavra "deportação". A educação nacional deve ter como função recuperar o que a lei deixou que fosse eclipsado. Mesmo que a lei e o ensino não tenham as mesmas missões.

Mas concretamente, para nós na escola, o que isso mudaria?

Isso supõe que a educação nacional compreenda que essa história é a história da França. Que os pequenos franceses devem aprendê-la, como todas as crianças do mundo, aliás, porque é a história da primeira mundialização. É a primeira vez que vários continentes se instalam em relações duradouras.

O contato se faz com a violência do choque do tráfico e da escravidão. Vai ligar o capitalismo europeu em busca de mercados com o continente africano e com o continente americano, mas igualmente com os países do oceano Índico. Logo a própria Ásia é seduzida pelo recurso dos *cules*, nome pejorativo dado aos trabalhadores indianos, e dos anamitas,[11] recrutados para substituir os escravizados nas plantations. É, portanto, a história da economia de plantation, mas também a história do savoir-faire que se desenvolve numa economia de sobrevivência e na marronagem. É a história da navegação, das religiões, das artes e das culturas, das técnicas agrárias, dos artesanatos e das profissões.

Trata-se de dar a essa história toda a sua profundidade e toda a sua densidade. Por exemplo, quando vocês aprendem as epopeias de Napoleão Bonaparte, imperador dos franceses, deve-se também ensinar a vocês que ele restabeleceu a escravidão nas colônias francesas para satisfazer as reivindicações dos plantadores. Quando vocês aprendem os faustos de Luís XIV, o Rei Sol de Versalhes, deve-se ensinar a vocês que ele promulgou o Código Negro, que declarava os escravizados "bens móveis" e autorizava seus donos a infligir-lhes sevícias corporais, a lei prevendo, por outro lado, a tortura, a mutilação, a execução dos escravizados que escolhessem a marronagem para se libertar do inferno das plantations. Quando vocês aprendem a obra de Colbert, grande economista e fundador da Academia das Ciências, deve-se ensinar a vocês que foi ele quem financiou o Código Negro, que ele enunciou uma proibição industrial absoluta para evitar que a concorrência da economia colonial fragilizasse as manufaturas do Estado criadas por ele. Proclamando que "nem um prego deve sair das colônias", admitia a

---

11 Habitantes de Anam, região do Sudeste Asiático que compreende o Vietnã atual.

importação de produtos coloniais brutos, mas não sua transformação. Devem também explicar a vocês que o mesmo Colbert inspirou a Carta do Exclusivo Colonial, proveniente do édito de Fontainebleau, que proibia às colônias todo comércio fora das trocas com a metrópole. Quando vocês aprendem sobre a Revolução Francesa, deve-se ensinar a vocês que ela não ousou abolir a escravidão e que foi só a Convenção que o fez, cinco anos mais tarde, antes de seu restabelecimento por Napoleão, oito anos depois.

A escravidão atravessa a história da França, de toda a Europa Atlântica, das Américas, das Caraíbas, do oceano Índico, da África do Norte e dos países ao sul do Saara. Ela impregnou inúmeros episódios da vida pública. Você sabia que foi para apoiar a cultura da beterraba, diante da competitividade da cana-de-açúcar, que medidas de apoio à agricultura francesa permitiram o desenvolvimento das aguardentes do reino? Ainda hoje, as divergências de interesse entre as culturas da cana e da beterraba para a indústria açucareira motivam confrontos que são resolvidos às vezes no Tribunal de Justiça da União Europeia, atestando a atualidade dos vestígios dessas sequelas do período colonial. É também com esse modelo e essa lógica que foram construídas as convenções de "cooperação" por ocasião das independências dos países da África: partes de mercado e subvenções foram reservadas só aos comestíveis que não concorrem com as economias europeias e aos recursos preciosos, com a condição, como no tempo de Colbert, de permanecerem em estado bruto (minerais, metais, madeiras tropicais), indispensáveis às mesmas economias europeias.

Não é o que vai tornar os cursos de história forçosamente mais simpáticos!

Isso vai depender dos métodos de ensino e da qualidade dos manuais escolares. Tenho certeza de que seus professores vão saber despertar a curiosidade de vocês, solicitar seu senso crítico, seu espírito analítico, mostrando-lhes que, sobre esses assuntos, ainda há muito a ser descoberto, a ser compreendido, a ser dito. Daí a necessidade de encorajar a pesquisa em todas essas disciplinas, por meio de bolsas, das facilidades de acesso às fontes, mas, sobretudo, fazendo com que esses temas se tornem matérias nobres nas universidades. São as recomendações do artigo 2º da lei que reconhece o tráfico negreiro e a escravidão como crimes contra a humanidade. Já é possível, aliás, constatar alguns efeitos em trabalhos acadêmicos.

Mas essa reparação só diz respeito ao saber dos alunos e dos universitários.

E à sua formação como cidadãos. É a promessa de que eles estarão mais bem preparados para a alteridade, isto é, para o encontro com aqueles que são diferentes pela aparência, a língua, o sotaque, a cultura, as crenças, a experiência, os hábitos alimentares, de vestuário, festivos, afetivos, e sabe-se lá mais o quê. Mas é verdade que não é suficiente. Decididamente, a reparação deve abarcar o campo cultural. A consciência dos povos às vezes é mantida por suas minorias. Entre nossas minorias, os artistas obstinadamente conservaram, mantiveram e enriqueceram nossa memória, nossos saberes, nossas fantasias, nossos mitos, nossas lendas, nossas glórias e nossas imperfeições, nossos temores e nossos mistérios, tornando-se os depositários de nossa singularidade. Eles a inscreveram na fala dos contos, na magia dos romances, na profundidade dos ensaios, no encanto das músicas, na eternidade da pedra esculpida, no charme dos quadros, no fascínio do teatro, na força do cinema, na sedução das danças, na fantasia dos cantos, na alquimia das comidas. Batalham sozinhos e cruelmente. Uma política cultural deveria lhes permitir dedicar-se inteiramente à expressão de seu talento, deixando de exercer, por razões puramente alimentares, as atividades de gestionários, de organizadores, de promotores, de prospectores em torno de sua obra. Essa política cultural também deve dedicar-se a devolver a certos locais seu caráter sagrado. Deve revisitar os lugares de nossa vida cotidiana para inscrever no espaço a lembrança dos episódios gloriosos ou trágicos, marcar as ruas com os nomes de nossos heróis, abrigar-nos à sombra tutelar daqueles cuja coragem teceu as malhas de nossa liberdade presente.

É excitante. Mas a cultura só alimenta os artistas. E olhe lá!

E olhe lá. Mas você há de convir que ela é vital. Tente imaginar que no início de seu despertar musical eu tivesse proibido você de escutar as Spice Girls ou Céline Dion. Você está rindo? Você compreende hoje o desespero que eu sentia naquela época e minha teimosia em iniciá-la no jazz, na steel-band ou na salsa. E mesmo que agora você só goste de reggae e de kaseko, você sabe se deliciar com cantos tradicionais, um disco de ópera ou de blues da Barbara Hendricks — só um trecho de vez em quando, eu sei —, com uma bossa nova ou um calipso.

Entretanto, convenhamos que também é preciso reparar em setores mais materiais. Tudo o que lhe expliquei sobre o confisco das terras advoga a favor de políticas públicas fundiárias e agrárias que reduzam as injustiças, já que não é possível destruí-las. Não se trata de incitar a guerra civil, mas de evitar que um dia ela surja como uma via legítima. E que se possa encontrar argumentos, mesmo que duvidosos, para explicá-la, se não a justificar. É responsabilidade dos poderes públicos constatar as desigualdades presentes que têm suas raízes na injustiça passada e suscitar diálogo, cooperação, compromisso e consenso para erradicá-las. Lá onde o Estado se apossou por sua própria conta do patrimônio fundiário, ele deve cuidar da restituição das terras em condições equitativas e proveitosas.

Para evitar o que acontece no Zimbábue?

Isso mesmo. E para evitar também que os revoltosos cheguem a considerar como heróis figuras tão moralmente indigentes quanto aquelas que apenas reproduzem o inverso de um mundo preto e branco. Há uma via mais estimulante nas palavras de Bob Marley: *"To divide and rule could only tear us apart/ In every man's chest there beats a heart"*.[12] A responsabilidade não é só interna no Zimbábue. Ao confisco das terras durante o período colonial, acrescentam-se os acordos internacionais que enterram os países considerados do Sul numa dependência que os empobrece cada vez mais. A reparação supõe também uma revisão das relações de força herdadas do período colonial, que, como vamos ver, é filho do período escravagista. Essas relações disfarçadas de convenções internacionais devem ser revistas, e não só a cada cinco anos, o que é atualmente o caso, como se verificassem que os países da África, das Caraíbas e do Pacífico não estão totalmente asfixiados e que os cadáveres ainda se movem. Elas devem ser revistas em sua própria lógica. Foram instauradas com a dialética independência/endividamento/dependência. Esses países só podem se atolar em miséria, pobreza, doença, analfabetismo, violência. E as prescrições de instituições como o Banco Mundial ou o Fundo Monetário Internacional, com seus programas de ajuste estrutural, só serviram para imolar os mais vulneráveis, sem perturbar os autores da pilhagem, da má gestão, da corrupção.

Mas a pilhagem ainda é feita com cumplicidades internas!

Infelizmente, sim.

---

12 "As lutas internas pelo poder só podem nos desunir/ No peito de cada homem bate um coração" (trecho de sua canção "Zimbabwe").

E você diz que apesar de tudo é preciso cancelar a dívida desses países?

Sim. Sem reservas. A dívida é uma escroqueria indefensável. Como eu disse, a maioria dos países reembolsou em juros várias vezes o montante do capital emprestado. A dívida recobre práticas usurárias sórdidas. Consciente da inaptidão de certos governos e de sua repetida conivência condenável, tenho hesitações, mas não restrições. Esses governos, aliás, com frequência são provenientes de arranjos, por vezes perigosos, com massacres ou assassinatos determinados, entre as antigas potências coloniais e agentes secretos vorazes e sem ideal, como provam cada vez mais arquivos que se tornaram acessíveis. É preciso, portanto, anular a dívida, mas ao mesmo tempo dar forças aos que lutam por justiça social e progresso, e agir para que cesse a impunidade sobre os desvios de dinheiro público, terminar de vez também com a incompetência no poder que compromete o futuro das novas gerações.

Mas, me diga, há um aspecto da reparação que você parece não querer abordar. No entanto, muito se fala sobre isso nos Estados Unidos. Frequentemente ouço dizer que seria preciso que os descendentes de escravagistas indenizassem os descendentes de escravizados.

É uma abordagem da reparação. É verdade que ela é preponderante nos Estados Unidos, onde a cultura de arbitragem de conflitos é principalmente materialista e judicial. Aliás, existem processos em curso no país, sobretudo contra companhias de seguros e bancos, para reclamar perdas e danos sobre fortunas construídas a partir dos lucros do tráfico. Os defensores dessa concepção da reparação têm argumentos sérios. Afirmam que aqueles que chicaneiam com tanta arrogância para nomear o crime, aqueles que nos excluem de qualquer debate sobre os males infligidos, os direitos das vítimas, os méritos das reparações, estes só se tornam sensíveis às grandes causas quando elas passam a custar. Ressaltam que o Holocausto ocorreu durante a Segunda Guerra Mundial, que o Estado de Israel só foi criado em 1948 por uma regulamentação das Nações Unidas, que, aliás, criou ao mesmo tempo um Estado palestino, e que, em 1952, a Alemanha e a Áustria pagaram respectivamente ao Estado de Israel 822 e depois 25 milhões de dólares, sem contar a restituição das quantias depositadas em contas bancárias e obras de arte aos proprietários que puderam ser identificados. En passant, convido-a a não se esquecer de que no artigo 1º do Código Negro de 1685, Luís, pela graça de Deus rei da França e de Navarra, ordena expulsar das ilhas coloniais, e em três meses, "todos os judeus que ali estabeleceram residência [...] à pena de confisco de corpos e de bens". A perseguição deles também vem de longe.

Mas puderam ser indenizados porque havia sobreviventes. E não se pode defender que é impossível punir os culpados porque estão todos mortos e, ao mesmo tempo, procurar herdeiros vivos para lhes pagar as indenizações.

Os defensores dessa tese replicam que, enquanto descendentes das vítimas, eles ainda sofrem as sequelas de despojamento, sevícias, preconceitos, proibições e discriminações, diretamente inspirados pelo período escravagista.

O que não é falso, a partir do que você me explicou.

Eles acrescentam que os Estados Unidos indenizaram os norte-americanos de origem japonesa confinados pelo governo Roosevelt depois de Pearl Harbour. Lembram que pessoas enviadas para a Alemanha e a Polônia para o Serviço de trabalho obrigatório durante a Segunda Guerra Mundial recebem indenizações pagas pelas empresas envolvidas. Referem-se até às indenizações pagas pelo Japão à Coreia do Sul como compensação dos crimes perpetrados durante a invasão e a ocupação.

***

É como com os judeus. Em todos os casos, há sobreviventes. Em certos casos, indenizações são pagas aos Estados, em outros, às pessoas, às vezes, às pessoas e ao Estado. Tudo isso é bem complicado.

É, mas quanto mais complicado, mais revela a imensidão e o horror do sistema escravagista. Do ponto de vista dos tráficos, da mobilidade dos colonos e do "rebanho" de escravos, o sistema praticava a porosidade das fronteiras. Daí a dispersão. Aqueles que estão do lado dos indenizadores potenciais perguntam sem cerimônia se será preciso indenizar os negros e os mestiços, uma vez que estes descendem a um só tempo dos escravizados e dos senhores. Perguntam se será preciso depositar para as pessoas ou para os Estados. E nos países em que a população de origem africana é minoritária, o que deveria ser feito? Sem falar de outras questões que aparentemente são pertinentes, mas que de fato estão deslocadas. É bem engraçado notar que, contrariamente à França e à maioria das antigas potências escravagistas, o governo dos Estados Unidos reconheceu, de certa forma, o direito dos ex-escravizados à reparação, prometendo uma mula e quarenta acres de terra para cada um. Algo irrisório em relação às extensões fundiárias e às riquezas que foram deixadas para os ex-senhores. Além disso, esse "capital de início" outorgado pela lei nem mesmo foi atribuído de fato. Foi uma decisão do general Sherman que o presidente Andrew Johnson se apressou em anular, ele que vetou a lei de reparação proposta pelo deputado Thaddeus Stevens. Entretanto, o fato de determinar tal direito colocou o princípio da necessidade da reparação. Infelizmente, faltou uma forte pressão moral, que teria sido capaz de obrigar o governo a respeitar esse compromisso. É verdade que tudo isso se desenvolvia num ambiente onde um grande espírito como Alexis de Tocqueville, no entanto profundamente ligado à liberdade e à democracia, dizia que, "se os negros têm o direito de serem livres, os colonos têm o direito de não serem arruinados pela liberdade dos negros". Quanto à Europa, ela se distingue por leis que concedem uma indenização aos ex-senhores; na Grã-Bretanha, na Suécia, nos Países Baixos e na França, leis adotadas entre 1834 e 1863. E, nos Estados Unidos, iniciativas parlamentares vão ter prosseguimento de maneira quase contínua até 1915, para reivindicar e tentar avaliar as reparações devidas aos ex-escravizados. Martin Luther King voltará a isso em 1964! Um senador, John Conyers, assume o revezamento em 1989. O próprio Desmond Tutu toma posição em Durban em 2001.

Por que você continua sendo contra essa forma de reparação, a despeito de todos esses argumentos?

Porque eu não autorizo ninguém a calcular o sofrimento dos meus ancestrais e me dizer: "Veja, eles valiam tanto e assine aqui o saldo de toda a conta". Sinto subir em mim instintos canibais e estou pronta para morder até arrancar sangue quem se achar no direito de me tratar assim.

Desculpe. Talvez seja muito digno, mas pouco eficaz. Depois dos prejuízos que você mesma descreveu, essa recusa é uma maneira de deixar que as desigualdades perdurem.

A recusa de indenização financeira não significa de maneira nenhuma que considero que os governos atuais, herdeiros dos bens e dos dividendos do tráfico e da escravidão, estão quites com sua dívida. Digo simplesmente que não é com minha cumplicidade que eles comprarão meus antepassados uma segunda vez. Isso até me parece a maneira mais inapropriada de se livrar do problema. A exigência de políticas públicas específicas, tais como as que descrevi para você, parece-me mais dada a denunciar as desigualdades de uma sociedade cujas vítimas são tão frequentemente de mesma ascendência. Essas políticas públicas terão seu custo! São desonestos ou ignorantes os que tentam fazer crer que esse tema é inconveniente ou inoportuno. O assunto não deixou de passar pela mente e alimentar debates todo o tempo em que as potências escravagistas estavam às voltas com a escravidão, sua contestação e as noções de justiça ou de economia. Condorcet, por exemplo, desde 1781, tem frases definitivas para contestar a demanda de reparação dos senhores de escravizados, replicando que "o senhor não tinha nenhum direito sobre seu escravizado, que a ação de retê-lo em servidão não é o gozo de uma propriedade, mas um crime", acrescentando que não pode haver "verdadeiro direito sobre o proveito do crime". É também explícito quanto à reparação devida aos escravizados: "É justo condenar aquele que retira de seu semelhante o uso da liberdade para reparar seu erro", especificando que "reparar o crime que se cometeu é uma consequência do direito natural". É uma reflexão baseada na realidade: tanto que você vai observar que ele considera muito calmamente que cabe aos colonos prover as reparações, no momento em que os fatos ocorrem. E o Estado, que não é o instrumento de interesses particulares, mas a emanação do interesse geral, deveria zelar por isso, como poder público. Mesmo que, como dizia Schoelcher, "o crime tenha sido do próprio Estado".

É de fato um pensamento mais moderno do que aquele que discute hoje sobre o anacronismo dessa reivindicação. Mas Condorcet provavelmente pregava no deserto!

Um deserto nem tão silencioso assim. Toda a Europa Atlântica está comprometida com o comércio negreiro, mas os países europeus desprovidos de costa marítima não deixam de ser devedores. Estão implicados por seus bancos ou as obrigações emitidas por seus Estados. É o caso da Suíça. E Jean Simondi, em 1819, faz uma análise próxima à de Condorcet. Primeiro afirma que "o silêncio das leis não poderia mudar a moralidade das ações". Em seguida, considera que, "se há alguém a ser indenizado, é o escravizado pela longa espoliação à qual a injustiça da lei o expôs". Na Martinica, Cyrille Bissette, mestiço, depois de ter sido de certa forma acuado entre as duas pretensas raças, defende a justiça e declara, em 1835, que "não há direito contra o Direito". Mais tarde, em 1843, Félix Milliroux, que vai lançar na França uma petição a favor da abolição da escravatura, precisamente assina que "o futuro não deve nada ao passado, quando esse passado é a escravatura", e acrescenta que "o direito dos escravos a uma indenização é incontestável".

E evidentemente há essa imensa figura que é Victor Schoelcher, que infelizmente terá de compor e conceder o princípio da dupla indenização, para o senhor e para o escravizado. Como você sabe, só o primeiro vai lucrar com isso. Mas Schoelcher terá dito que "a escravidão não é uma instituição de direito, mas uma desordem social".

E tudo isso sem nenhum efeito concreto? Isso deveria tornar você mais exigente do que é e mais receptiva às reivindicações e impaciências!

Em primeiro lugar, houve alguns efeitos! Isolados, é verdade, e à custa de gloriosos combates individuais. Foi o caso daquele que foi chamado de escravizado Furcy, que intentou um processo contra seu senhor, processo que durou 26 anos! Mas ele ganhou. Isso aconteceu entre 1817 e 1843, na Reunião, na França. Houve, nos Estados Unidos, o caso Mum Bett, uma escravizada que impôs a aplicação da Declaração de Independência e obteve sua libertação. Todas as vezes essa combatividade encontrou em seu caminho advogados e magistrados para acompanhá-los nesse reconhecimento de seus direitos humanos inalienáveis.

É comovente, mas gera pouco resultado! Isso reconforta em parte, mas argumenta, sobretudo, a favor de uma ação coletiva. Seus princípios são sedutores, mas não me parecem operacionais! Você fica amuada com a mentalidade dos norte-americanos que gostam de judicializar; entretanto, o estado da Califórnia e depois outros parecem mais eficazes do que você, quando incitam as companhias de seguros e os bancos a investigar a própria história com o objetivo de encontrar eventuais vestígios de lucro proveniente da escravidão. Na medida da duração de uma vida humana, como você gosta de dizer, é pelo menos mais satisfatório! Vi que o banco J.P. Morgan Chase reconheceu ter lucrado com a escravidão no século XIX e se comprometeu a fornecer bolsas, somando 5 bilhões de dólares, para estudantes universitários afro-americanos. Não há nada de pernicioso em tal gesto!

De fato, o J.P. Morgan Chase desculpou-se em nome de suas empresas-mãe, Citizens Bank e Canal Bank na Luisiana, por terem se beneficiado da escravidão entre 1831 e 1865 e decidiu destinar essa quantia a estudantes de Chicago. De alguma maneira, salva um pouco também sua reputação! Assim como o Bank of America, Wachovia Corporation, Lehman Brothers e outros fizeram o mesmo há pouco tempo. Não estou convencida da conversão ética dessas organizações. Mas você tem razão, isso vai mudar alguma coisa para esses jovens que vão poder ter acesso aos estudos. Simplesmente creio mais na justiça do Estado do que no arbitrário, mesmo que generoso, de empresas privadas. E não esqueça que tudo isso não é a marca de um gesto de boa vontade, mas o fruto de lutas obstinadas.

Estou vendo bem que, apesar de tudo, para alguns não se pode discutir nada! Nem reparação, nem desculpas, nem arrependimentos. Alguns chegaram mesmo a glorificar a colonização e a lhe atribuir benfeitorias! Li que você chama o arrependimento de monólogo furioso. O que você entende por isso?

Quero dizer que aqueles que dão altos gritos para se recusar a se arrepender estão num diálogo enraivecido com eles mesmos. Quem se dirige a eles não lhes exige nenhum arrependimento.

Quanto a mim, nunca ouvi ser formulada uma tal demanda ou exigência. Estamos no campo da política e da ética. Falamos, portanto, de valores republicanos e de responsabilidade das instituições públicas. O remorso e o arrependimento pertencem ao vocabulário e ao campo religioso. Se as autoridades eclesiásticas querem se ocupar disso, é direito e problema delas. Enquanto isso, aqueles que percorrem a mídia para recusar o arrependimento respondem apenas à sua perturbação interior, não estão evidentemente abertos à conversa. É nesse sentido que falo de monólogo furioso. Sendo assim, Édouard Glissant resumiu de maneira luminosa, como sempre, essa problemática do arrependimento. Segundo ele, "o arrependimento não pode ser pedido, mas pode ser recebido e ouvido".[13] E ele especifica, como se respondesse àqueles do monólogo furioso, que a "elevada concepção das coisas do mundo nunca é idiota, orgulhosa, imbecil".

Quanto a mim, o arrependimento continua sendo uma região enigmática.

Compreendo perfeitamente! Mas nossas lutas específicas, grandiosas e sublimes em sua ética, para retomar essa palavra de que você tanto gosta, seria preciso que elas tivessem um resultado também!

Totalmente de acordo, menina dos meus olhos. E àqueles que imaginam que seria oportuno brandir como um recibo de quitação essa recusa de indenização, eu envio, à guisa de advertência, as palavras de Countee Cullen:

---

13 Édouard Glissant, *Les Mémoires des esclavages et de leurs abolitions*. Paris: Galaade Éditions, 2012.

Nem sempre plantaremos
Para que outros colham
O suco dourado dos frutos maduros
Nem sempre toleraremos
Como escravos mudos
Que seres inferiores
Maltratem nossos irmãos
Nem sempre tocaremos
Flauta doce
Enquanto outros repousam
Nem sempre permaneceremos curvados
Diante de brutos mais astuciosos que nós
Porque
Nós não fomos criados
Para chorar
*Eternamente.**

É belo e reconfortante, mas não tirará ninguém da pobreza e, receio, nem mesmo da amargura...

Compreendo sua irritação. E não quero ditar para a sua geração o caminho a seguir. Tento tornar minhas escolhas inteligíveis. Mas não sou nem insensível ao tumulto do mundo, nem indiferente à imoralidade cínica daqueles que concordam com uma ordem social que reproduz as desigualdades e as injustiças, e de maneira tão flagrante sobre os mesmos, por mecanismos cuja natureza e o dinamismo são tão evidentes.

---

* Trecho do poema "From the Dark Tower" em tradução livre. No original: "We shall not always plant while others reap/ The golden increment of bursting fruit,/ Not always countenance, abject and mute,/ That lesser men should hold their brothers cheap;/ Not everlastingly while others sleep/ Shall we beguile their limbs with mellow flute,/ Not always bend to some more subtle brute;/ We were not made eternally to weep." [N.T.]

Você imagina, portanto, que minha geração lhe seja infiel?

Com certeza. Cabe a vocês fazerem a sua parte. "Toda geração deve, numa relativa opacidade, descobrir sua missão, realizá-la ou traí-la." Quem disse foi Frantz Fanon.[14]

14 Frantz Fanon, *Les Damnés de la terre*. Éditions Maspero, 1961. [Ed. bras.: *Os condenados da terra*. Trad. de Ligia Fonseca Ferreira e Regina Salgado Campos. São Paulo: Zahar, 2022.]

As implicações da lei que reconhece o crime contra a humanidade

A França é, apesar de tudo, o único país que adotou um texto que reconhece no tráfico negreiro e na escravidão um crime contra a humanidade. Por que você continua insatisfeita?

Eu não estou insatisfeita. Sobre causas que tanto me ultrapassam, não deixo meus sentimentos ditarem minha compreensão das coisas.

Olhe só! Uma pessoa como você, que garante que há sentimento em tudo o que se refere aos homens?

Confirmo. Se há um tema que me toca profundamente é esse, com certeza. Mas a despeito dos sofrimentos por que passei nessa batalha — e eu lhe peço que acredite que foram incisivos —, a despeito das contrariedades que me causaram certos esmorecimentos, qualquer que seja a irritação que senti diante de certas ignorâncias, qualquer que tenha sido a exacerbação provocada por certas frivolidades, para além da exasperação e do furor que me inspiraram os clichês e os preconceitos inconvenientes sobre semelhante causa, eu quero permanecer lúcida.

Essa lei foi aprovada por unanimidade. No fim das contas, as divisões se atenuaram?

A unanimidade tem a ver com a conjunção de motivações múltiplas. Há aqueles que aprovam com toda sua força. Há aqueles que só aprovam porque o texto original pôde ser asseptizado. Há aqueles que aprovam porque se distanciar teria

126

custos políticos para eles. Há aqueles que não aprovam, mas se calam por falta de combatividade e argumentos, para não trazer dificuldades para seu grupo ou porque consideram que a causa não merece um conflito.

É o que quer dizer unanimidade?
Nem sempre. Porém, não vamos nos recusar a ironizar um pouco esse voto unânime de ambas as câmaras do Parlamento, pois é preciso não acalentar ilusões. É evidente que, se a lei atual não sancionasse essas práticas autorizadas no passado e considerando as declarações publicadas por determinados políticos respeitáveis, encontraríamos ainda hoje pessoas que seriam capazes de se situar no campo escravagista, sem nem mesmo ter que se conciliar com sua consciência, por causa da convicção de sua superioridade e legitimidade.

Você me faz ter arrepios. A França apesar de tudo é um país civilizado. Nos dias atuais...
A selvageria e a barbárie não são questões de época. Você sabe o suficiente sobre a influência de Samarcanda,[1] da Andaluzia, da Grécia, de Ségou,[2] de Granada, de Querma[3] ou de Palenque,[4] sobre a magnificência de Akhenaton, de Salomão, de Averróis, de Hatshepsut, de Manco Capac e de tantos outros, para compreender que a "civilização" não é questão de tempo nem de lugar. Os três grandes continentes considerados subdesenvolvidos, a África, a Ásia e a América do Sul,

1 Cidade deslumbrante do Uzbequistão, situada no cruzamento das civilizações turca e persa. 2 Cidade do Mali, que foi efervescente e cobiçada, quase tanto quanto Tombuctu. 3 Sítio arqueológico do Sudão, antiga cidade da Núbia que, sob a autoridade dos faraós negros, era o centro do reino de Kush (século XVI a.C.). Escavações permitiram esclarecer a importância desses vestígios. 4 Cidade maia em território mexicano, cujo nome original ameríndio é Lakam Ha (Grandes Águas), dotada de um rico patrimônio arquitetônico.

fizeram eclodir civilizações de grande prestígio, que, em sua maioria, foram destruídas em contato com os europeus, quando das conquistas coloniais. Note bem que os gregos e os romanos chamavam de "bárbaros" as culturas e os povos estrangeiros, e que mais tarde a cristandade aplicou esse termo para os germanos, eslavos e asiáticos. Você vê como essas verdades são subjetivas e contingentes. Pense no texto irônico de Montesquieu: "Como é que se pode ser persa?", a trigésima carta das *Cartas persas*. Em termos claros, os bárbaros são sempre os outros, aqueles cujo comportamento não é compreendido, porque não se entende suficientemente sua cultura. Não é uma questão de época. As práticas contemporâneas de tráfico, de escravatura e de servidão são a prova disso.

Sim, mas aqui você volta para a política.

Não há matéria mais política do que o direito. Pois se trata de definir as regras da vida comum, os limites que se impõem a cada um, o âmbito em que o Estado se atribui o monopólio das sanções judiciárias, da vigilância policial e da defesa militar. As leis refletem também as generosidades da sociedade ao denunciar seus demônios.

E quais demônios essa lei denuncia?

O medo de nomear. No texto original da lei, eu escrevi: "Os manuais escolares e os programas de pesquisa em história e em ciências sociais deverão garantir um lugar consequente à mais longa e à mais intensa deportação da história da humanidade". Essa disposição tornou-se: "Os manuais [...] concederão ao tráfico negreiro e à escravidão o lugar consequente que merecem". É isso. Esses milhões de pessoas capturadas, marcadas a ferro, vendidas, transportadas no fundo dos porões não foram "deportadas". Como se houvesse um monopólio sagrado sobre a palavra. Esse crime perpetrado durante mais de quatro séculos e meio, que afetou pelo menos 30 milhões de pessoas e cinco a sete vezes mais, segundo determinados historiadores, se contarmos aqueles que pereceram nos locais de captura e os mercados de escravizados das colônias, não pode ser declarada "a mais longa e a mais intensa deportação da humanidade". Entretanto, o tempo é um dado objetivo. Ainda porque, aos quatro séculos e meio de práticas escravagistas dos europeus, acrescentam-se os sete séculos de escravidão subsaariana dos negociantes árabe-muçulmanos. Não é introduzir nenhuma hierarquia entre o genocídio judeu e a deportação dos escravizados, nenhuma escala no sofrimento humano, inscrever na lei o que os historiadores consideram como o crime que fez o maior número de vítimas no período mais longo. As tensões podem alimentar, de forma inoportuna, uma concorrência malsã e perigosa entre as vítimas dos crimes contra a humanidade.

Por que você diz que haveria um monopólio sagrado da palavra "deportação"?

Faço referência ao interdito implícito de qualquer uso dessa palavra fora do Holocausto que atingiu os judeus durante a Segunda Guerra Mundial na Europa. A partir de então é inconcebível que se utilize a palavra "deportação" para designar outra tragédia que não esse genocídio, que provocou a criação do próprio conceito de crime contra a humanidade. No entanto, antes desse episódio monstruoso da história europeia, a palavra "deportação" era usada, por exemplo, para designar a transferência dos prisioneiros franceses e coloniais para as penitenciárias da Guiana e da Nova Caledônia. Sendo os condenados aos trabalhos forçados prisioneiros políticos, revolucionários e padres refratários* enviados para a Guiana, partidários da Comuna de

---

* Padres refratários são os que se negaram a prestar juramento à Constituição Civil do Clero de 1790. [N. T.]

Paris de 1871 para a Nova Caledônia, a administração penitenciária diferenciou-os progressivamente dos "transportados" de direito comum, criminosos, pequenos ladrões, vagabundos, prostitutas e outros feridos e deformados pela vida. Os arquivos demonstram essa distribuição entre "transportados" e "deportados". As penitenciárias receberam também oficialmente milhares de pessoas condenadas à deportação. Ora, será que se pode nomear de outra forma o ato violento que consistiu em fazer atravessar o oceano Atlântico e o oceano Índico milhões de pessoas acorrentadas, condenadas a trabalhar como animais, com o status de "bens móveis" pertencendo ao patrimônio de seu senhor? O uso exclusivo dessa palavra talvez sirva para exorcizar o demônio nazista. Mas será preciso, no entanto, que o tráfico e a escravidão sejam também fortemente condenados.

E quais são as generosidades dessa lei?

No plano material, são praticamente nulas, se considerarmos que a disposição relativa à reparação foi igualmente suprimida. O artigo 5º do texto inicial propunha a criação de um "comitê de personalidades qualificadas encarregadas de avaliar o prejuízo sofrido e examinar as condições de reparação moral e material devida quanto a esse crime". Prejuízo e reparação material apareceram como perspectivas assustadoras. Mesmo que material não seja sinônimo de financeiro. Entretanto, só se tratava da instalação de um comitê. Mas já era reconhecer a pertinência de uma reivindicação de reparação e se comprometer em fazer justiça. Essa disposição incomodou praticamente todos os deputados, mas a maioria teria acabado por se curvar aos argumentos que lhe expus. Finalmente e essencialmente por causa do medo do governo, essa disposição foi retirada do texto. Contudo, pode-se considerar como uma "generosidade" o artigo 2º, sobre a educação, a pesquisa e a cooperação. E não foi mantido sem luta. E vários deputados, entre os quais Louis Mermaz, foram muito ativos a favor dessa manutenção, embora conhecêssemos a oposição do ministro da Educação Nacional, que a ministra da Justiça retribuía com uma reticência constrangida. Mas prestemos atenção, pois esse artigo reconhece a necessidade de introduzir essa história nos programas escolares. Não se tratará mais de evocar *en passant* o desvio da revolução de 1848 e, do mesmo modo, o advento do sufrágio universal masculino, o decreto de abolição. Vai se tratar do tráfico e da escravidão, das políticas de Estado que os mantiveram, do papel que desempenharam os grandes homens da história da França, das lutas e da marronagem, dos povos desaparecidos, dos sincretismos religiosos, das línguas novas criadas para comunicar com o senhor, com os outros escravizados e também, na Guiana e no Caribe, com os ameríndios nativos.

E será tão fácil assim?

Claro que não! Corre-se o risco de que certas obras propaguem falsas ideias, mas o artigo 5º da lei definitiva permite que associações cujo objetivo é defender a memória dos escravizados e a honra de seus descendentes entrem com ações civis. Essas associações podem, portanto, dar queixa e pedir indenização por perdas e danos, por exemplo, para punir a apologia de crimes contra a humanidade.

É uma outra generosidade dessa lei.

Pode ser. Estabelecemos uma distinção entre as disposições em que se manifestem os velhos demônios e aquelas em que se expressam as generosidades, mas essa distinção não reflete inteiramente a realidade. Não se trata verdadeiramente de falar de generosidade. Essas disposições são de fato simples atos de justiça. Tardios. No entanto, bem-vindos. Essa lei revela uma real coragem no plano da ética, mas é menos audaciosa no plano político.

***

Você lamenta?

Não chegaria a tanto. Uma lei é uma construção coletiva. Toma corpo no cruzamento de exigências divergentes e por vezes contraditórias. Diz mais por seus limites do que por seu conteúdo. Isso vale particularmente para as leis que participam do arsenal jurídico da defesa dos direitos humanos. Pois a lei constrói os diques que protegem os mais vulneráveis. Ela indica o nível de consciência universal das instituições que devem saber se propulsar para além das tendências de seu tempo, dos bloqueios ou das inibições, para abrir o horizonte. François Mitterrand ainda era candidato quando declarou, apesar das pesquisas desfavoráveis à abolição da pena de morte, que ele a revogaria caso fosse eleito.

Há causas que exigem convicções nobres e uma determinação digna. É certo que eu teria preferido mais audácia política nessa lei. Mas essa causa é um combate que abordo sem amargura nem arrependimento. Vejo a situação em que estamos em cada etapa para considerar o estado das forças, apreciar os avanços, medir as inércias, avaliar os obstáculos, prever as conquistas futuras e revisar as estratégias. Será preciso trabalhar para que o que foi eliminado da lei encontre seu lugar na escola, na universidade, na sociedade.

Mas não vai ser a mesma coisa...

Claro que não. O professor Louis Sala-Molins fala da "função crematística" da lei. De fato, só a lei, portanto o julgamento potencial, pode anular as consequências de atos criminosos, ao proceder à "pesagem dos fatos", à sua "ponderação". Concordo sem problemas com essa abordagem. E é certo que o medo das palavras privou essa lei de sua vocação de dizer e mensurar o prejuízo, de calcular a reparação. A função moral da lei deve ser consubstancial a sua função normativa. Claramente falando, a palavra solene que reprova é indispensável, mas a norma que condena e reprime o é igualmente.

Apesar de suas insuficiências, penso que essa lei marca uma reviravolta essencial na consciência coletiva. Consolida a arquitetura internacional dos direitos naturais dos povos e dos cidadãos. O artigo 3º estipula que uma petição para o reconhecimento desse crime contra a humanidade será feita principalmente perante o Conselho Europeu e a Organização das Nações Unidas. A Conferência Internacional contra o Racismo de 2011 em Durban consagrou esse reconhecimento. Desde então, o debate sobre a reparação tornou-se incontornável. Ainda vai passar por transformações. Vão querer reduzi-lo a simples reivindicações financeiras, mas não poderão impedi-lo de progredir. E finalmente, talvez tenha sido melhor que não tenha sido confiscado por um punhado de personalidades, independentemente de quais sejam suas qualidades pessoais. E quem sabe? Esse debate talvez seja o início de um trabalho necessário sobre as políticas públicas.

Há males que vêm para bem?
Sempre!

A colonização

Fala-se mais sobre o que aconteceu na Argélia do que sobre o tráfico e a escravidão. Diríamos que é mais importante para os franceses. Você não acha isso injusto?

Acho, mas a colonização de que a Argélia foi vítima é uma consequência direta do tráfico e da escravidão. Aimé Césaire a expressou nos seguintes termos: "Entre colonizador e colonizado, só há lugar para o trabalho penoso, a intimidação, a pressão, a polícia, o imposto, o roubo, a estupro, as culturas obrigatórias, o desprezo, a desconfiança, a arrogância, a presunção, a grosseria, das elites descerebradas, das massas aviltadas. Nenhum contato humano, mas relações de dominação e de submissão que transformam o homem colonizador em peão, em ajudante, em vigia dos forçados, em chicote, e o homem autóctone em instrumento de produção. É minha vez de apresentar uma equação: *colonização = coisificação*".[1]

A França deveria, portanto, lamentar toda a aventura colonial?

A França republicana, sem dúvida alguma e sem hesitação. Pois é preciso não esquecer que, em 14 de junho de 1830, quando a França conquista militarmente a Argélia, é com o grito de "viva o rei" que os soldados de Bourmont tomam Sidi-Ferruch. Essa conquista é efetuada de acordo com o plano do comandante Boutin, concebido desde 1810, a pedido de Napoleão.

1 Aimé Césaire, *Discours sur le colonialisme*.

***

Para a Argélia, eu tinha ouvido falar, sobretudo, de pacificação.
Mas parece que, na realidade, os colonizadores não eram bondosos.

Um provérbio africano diz que, se as histórias de caça fossem contadas pelos leões, elas não se pareceriam com as que os caçadores contam. A palavra do carrasco nunca é idêntica à da vítima. E, amiúde, o emprego de eufemismos é uma agressão que é acrescentada à violência física. O que dizer do termo "pacificação" utilizado para designar os 27 anos terríveis que seguiram o ato assinado em 5 de julho de 1830, no dia seguinte da tomada de Argel, denominada a "cidade barbaresca"? Eles nomearam esse tratado como "ato de capitulação", decidiram colocar Hussein Dey, equivalente do primeiro-ministro na Argélia, sob a "proteção" do exército do rei Carlos X, enquanto permanecesse em Argel. O que não impediu Bourmont de se apoderar de seu tesouro, nem o intendente Dennie de formar uma inestimável fortuna.

Tenho a impressão de que você conta a história à sua moda. Não é
a dos meus livros escolares.

"A geografia serve em primeiro lugar para fazer a guerra." É ao mesmo tempo um adágio e o título de uma obra esclarecedora de Yves Lacoste. Tenho vontade de acrescentar que a história a glorifica, mas concordo que seria um resumo. Não conto nada à minha moda. Tenho certeza de que você vai encontrar cedo ou tarde professores dispostos a explicar os fatos tal como aconteceram e a não censurar as lições que você poderia tirar deles.

Como aconteceu na Argélia? Os franceses chegaram, queimaram
tudo, torturaram os homens, cometeram mil extorsões assim, sem
mais nem menos, brutalmente?

Há uma razão predominante, a expansão do poder econômico. E depois, há uma maneira de ter certeza de que se está no seu direito. É a ilusão da superioridade de raça, de cultura ou de civilização. Ela se disfarça, conforme o caso, em evangelização, cruzada ou missão civilizadora.

As Cruzadas! Começaram nesse momento?
Você está confundindo, minha sabida! As Cruzadas, que começaram em 1096, terminaram em 1291. Você deveria ler um livro instrutivo de Amin Maalouf, *As Cruzadas vistas pelos árabes*.[2] É sempre edificante mudar de ângulo de visão para um mesmo acontecimento, sobretudo dessa envergadura e dessa complexidade. É também o que aconselha aquele professor de literatura representado por Robin Williams no filme emocionante e instigante *Sociedade dos poetas mortos*, de Peter Weir. Ponhamos entre parênteses a presença francesa no Magreb no reino de São Luís [Luís IX] em 1270. Os contatos são retomados no início do século XVI: ataques e bombardeios se sucedem... Uma aliança é concluída em 1536 entre o Grão-Turco Solimã, o Magnífico, também chamado de o Legislador, soberano do Império Otomano, e Francisco I; relações comerciais são mantidas durante a Revolução; um tratado é assinado por Talleyrand para Napoleão em maio de 1802.

A competição europeia para estabelecer ligações privilegiadas com o Magreb é intensa. Os franceses tramavam com os negociantes e mostravam-se negligentes em suas relações oficiais. Tensões muito grandes surgem a propósito de uma dívida de trigo, datada de 1796, que o Diretório deixou de honrar, provocando a exasperação de Hussein Dey, que, por ocasião de uma entrevista, manifesta sua irritação batendo no cônsul-geral com uma raquete de espantar moscas. A França se considera humilhada. Ela acaba de encontrar um excelente pretexto.

---

2 J.C. Lattès, 1983. [Ed. bras.: Trad. de Julia da Rosa Simões. São Paulo: Brasiliense, 2001.]

Bloqueio. Pedido de desculpas. Recusa. O Conselho de Ministros de 31 de janeiro de 1830 aprova o "princípio de uma intervenção", como se diz ainda hoje quando se quer começar a guerra sem consultar o Parlamento. Observe bem que o Parlamento só é obstáculo contemporaneamente. Na época, essas decisões eram tomadas, sem recurso, na corte do rei da França.

O que os argelinos fazem?

Em 27 de julho de 1830, pouco depois da assinatura do ato de "capitulação", Bou Mezrag, *beylik* de Titteri, renega sua fidelidade à França, e as comunidades da Mitidja, planície agrícola da periferia de Argel, reúnem-se perto do cabo Matifu para conclamar à resistência. Em 1832, começa a epopeia de Abd el-Kader, jovem emir talentoso que se fazia chamar de "a espinha no olho dos franceses". Nos acordos assinados com o general Desmichels, o jovem emir obtém o comércio das armas e o controle dos cereais. Em 1836, Constantina se revolta sob o comando de Ben Aissa. Abdelkader é vencido em 1847, após quinze anos de uma guerra implacável. Os cabilas continuam a resistir até 1857. A guerra das palavras não cessa. Em 14 de outubro de 1839, o ministro da Guerra declara: "O país ocupado pelos franceses ao norte da África será no futuro designado com o nome de Argélia. A denominação anterior de Regência de Argel deixará de ser empregada nas atas e correspondências oficiais".

Se o país era chamado de "Regência de Argel", é porque não era independente antes da conquista francesa?

É certo que ele havia sofrido ocupações anteriores: númida, romana, vândala, bizantina, árabe, almorávida, abdelwadida, turca. A conquista francesa unifica o país geograficamente, mas os historiadores consideram que ela não consegue unificá-la nem cultural, nem política, nem socialmente; aliás, a França não se preocupa muito com isso. Um século mais tarde,

Ferhat Abbas, primeiro presidente do governo provisório da República Argelina, que foi inicialmente favorável à integração da Argélia à França, depois profundamente hostil à presença francesa, diz com humor: "Meu país tem o sentido tribal".

Ele reconhecia que a Argélia era iletrada e atrasada?
De jeito nenhum. Essa frase revela, ao contrário, o poder de resistência da cultura e dos costumes. A história mais corrente ensina que a vida cultural enfraqueceu depois dos três séculos de ocupação turca. Ela esquece as tolbas, escolas corânicas que serviram de proteção contra o iletrismo e favoreceram a coesão social. Ela dá pouca importância à alergia dos berberes às dominações estrangeiras. Ela omite dizer exatamente o que foram esses *"gourbis"* (cabanas) e esses *"guitounes"* (tendas), nomes pejorativos que designam as habitações dos felás, os camponeses. As estatísticas são raras. Sabe-se, no entanto, que havia poucas estradas e que o estado da saúde pública era deplorável. O escravagismo causava estragos ali, como em todas as outras colônias francesas. Quando os 15 mil escravizados negros foram libertados, entregues a si mesmos, sem ajuda nem assistência, tiveram que sozinhos garantir sua subsistência.

Os ocupantes franceses confiscaram as terras e as propriedades primeiro dos turcos, depois dos argelinos. No total, exigiram 450 mil hectares e 35,5 milhões de francos como reparação de suas perdas de guerra. Você está vendo, é mais uma vez uma concepção parcial da reparação!

Eles têm todos os direitos! E quanto aos argelinos, eles não tiveram direito a reparações?
Não. Contudo, além das terras e dos bens obtidos, trabalhos de historiadores apresentam a hipótese de que um sexto da população argelina pereceu durante os 25 primeiros anos de ocupação francesa.

***

Eles resistiram de alguma forma, pelo menos?

Sim. Mesmo esporádica, a resistência existiu. Mas a colonização é um processo violento. Em 1843, Bugeaud, marechal da França e governador da Argélia, dá ordens formais diante da insurreição conduzida por Bou Maza, um chefe cabila: "Se esses bandidos se retirarem para suas cavernas, encham-nas de fumaça ao máximo, como para expulsar as raposas". E, de fato, o general Pélissier enche de fumaça a gruta do Dahra, defumando quinhentas pessoas: homens, mulheres, crianças. Dois meses mais tarde, Saint-Arnaud manda emparedar quinhentas pessoas, justificando-se assim: "Minha consciência não me censura nada, sinto aversão pela África".

Desde 8 de abril de 1870, os argelinos declaram a *jihad*, a guerra santa, que durou dois anos. A França acaba de perder a Alsácia e a Lorena, anexadas ao Império Alemão. O Segundo Império desmorona. A França está enfraquecida, mas seu Exército e seus colonos continuam a fazer com que os argelinos sofram graves injustiças, autorizadas pelo Código Florestal, inclusive, e aplicam-lhes um estatuto discriminatório pouco depois oficializado pelo Código do Indigenato. Segundo esse código, os franceses são cidadãos e os argelinos, sujeitos. Há infrações próprias dos indígenas, como o delito de insolência ou de desobediência a um patrão francês. Além disso, a *jihad* é reprimida com sangue e seus chefes são deportados para as colônias penais da Nova Caledônia e da Guiana. Louise Michel e outros participantes da Comuna de Paris foram igualmente deportados para a Nova Caledônia na mesma época. Fato estranho: quando, em 1878, explode a Revolta Kanak, são muito pouco numerosos os anticolonialistas que se mostram solidários com os kanaks. Entre os franceses, Louise Michel é a única a se engajar sem reserva. Sozinha, ela carrega a honra da França, a "pátria dos direitos humanos". Respeitosa com a cultura deles, além de ser solidária com a sua condição, ela vai coletar *Légendes et chansons de geste canaques* [Lendas e canções de epopeia kanaks], que publicará em 1875.

Você falou de um fato estranho, não foi?

Sim, porque queremos quase sempre acreditar que os mecanismos da resistência à ocupação e à opressão são universais. Espera-se que funcionem em todas as situações e que aqueles que resistiram à opressão em seus países resistam aos mesmos abusos em outros lugares.

Mas será que não havia um único francês para salvar a honra da França na Argélia? E eu aprendi que Bugeaud era um grande chefe. E agora você vem me falar de um carrasco!

É verdade que ele foi adepto da instauração de um modo de governo que dava lugar aos argelinos na administração do país, mas isso não o impediu de recorrer à violência. Cabe à França saber em que medida ela assume seus chefes de guerra. Por sorte, sempre se encontrou um, em todas as épocas, para salvar a honra do país. Na Argélia, foram os humanistas Berthezène — general do Exército que se comportou corretamente, a ponto de os argelinos o apelidarem de Marabuto — e Thomas-Ismaël Urbain — que nasceu na Guiana, intérprete militar, que demonstrou respeito e empatia, e que inclusive se casou com uma argelina. Mas esses nomes não estão nem nos manuais escolares, nem nos dicionários... só em algumas obras especializadas.

Essa guerra da Argélia começa então em 1954?

É precedida em maio de 1945 pelo que foi chamado de a Revolta na Província de Constantina. Os argelinos combateram ao lado da França durante as duas guerras mundiais. Na segunda, seu engajamento era um pouco ambíguo, considerando a crescente contestação da política colonial francesa em seu território. Já em 1927, quando do Congresso Anti-Imperialista de Bruxelas, ou Liga Contra o Imperialismo, o primeiro ponto de reivindicação era a independência total da Argélia. *Istiqlal*, "Independência", era seu slogan e seu horizonte! Em 8 de maio de 1945, enquanto Paris está em festa e a França celebra o final da guerra, uma revolta em Setif é reprimida com sangue, razão pela qual será designada mais tarde como "o massacre de Setif" e que Yves Benot descreverá em seu livro *Massacres coloniaux*.[3] A resistência passou por uma reviravolta em 2 de novembro de 1954. A guerra durou oito anos, oito anos de inverossímeis horrores e de uma engrenagem infernal que chegaram finalmente à inevitável libertação da Argélia, ratificada pelos acordos de Evian em julho de 1962.

A colonização é dramática, mas não tem a dimensão desumana do tráfico negreiro e da escravidão. No entanto, fala-se muito mais dela. Será que é porque a colonização é mais recente e ainda há sobreviventes?

Sim. De um lado e de outro, depoimentos e revelações ainda hoje são temas atuais. E, depois, a Argélia é um país, enquanto o tráfico negreiro e a escravidão envolvem três continentes. O crime parece incomensurável, considerando as inúmeras mestiçagens que ocorreram. Mas não há só explicações racionais.

O que expliquei para você lhe permite compreender que a guerra de palavras completa a obra dos canhões. Frantz Fanon dizia que o colonizador, não contente em roubar o futuro do colonizado e de confiscar seu presente, "apodera-se de seu passado, desfigura-o, distorce-o". O uso de certas palavras pode ter um efeito mortal no plano simbólico da comunicação.

---

3 Yves Benot, *Massacres coloniaux, 1944-1950: la IVe République et la mise au pas des colonies françaises*. Paris: La Découverte, 1994.

Os números de prestidigitação, que tentam diluir horrores por meio de passes de mágica entre fatos de natureza diferente, participam da obra de destruição. Eles a prolongam. Às vezes, também são simples erros. Nesse caso, é preciso contribuir para o debate. Mas, quando estamos diante de manipulações que visam dar prosseguimento, por meio das palavras, à destruição começada pelas armas, devemos, em nome da liberdade, da igual dignidade das culturas, da paz, nos opor com todas as forças. Sem complacência para com esse ministro israelita que tratou os palestinos como piolhos e cânceres. Senão, isso quereria dizer que se tem a mesma deferência com um governo conduzido por um homem da estatura e da coragem de Yitzhak Rabin quanto com um governo aviltado pela demência guerreira. Sem complacência para com o presidente da primeira potência mundial que havia prometido "encher de fumaça os afegãos em seus covis", dividia sumariamente o mundo de um lado e de outro de um eixo do bem e do mal, lançava cruzadas no século XXI, exigia um terrorista vivo ou morto, como se a luta contra a loucura destruidora pertencesse à sinopse de um faroeste. Sem trégua, tampouco, para os terroristas, qualquer que seja seu pertencimento ou aparência, sem complacência para quem se fascina pelo crime, ainda que eles mesmos ali encontrem a morte. É à custa desse rigor que se contribui para a paz no mundo. A paz não é nem equilíbrio do terror, nem a supremacia dos mais fortes. A paz é essa frágil construção comum, incessantemente alinhavada por cima das injustiças e desigualdades que devemos nos obstinar em combater.

As formas contemporâneas e ditas modernas da escravidão

Voltemos a falar sobre a sua lei, mesmo que você não queira chamá-la assim. Será que ela pode servir para combater a escravidão moderna?
Estritamente falando, não. O objetivo dessa lei é precisamente qualificar o tráfico negreiro e a escravidão que assolou as Américas e o oceano Índico e começar a repará-los, num plano moral e pedagógico. Mas, participando do conjunto das disposições penais contra os ataques aos direitos humanos, essa lei contribui para especificar o espírito e o número de proibições decretadas pelas instituições, e pelas mais autorizadas entre elas, já que se trata do Parlamento e do governo. Está destinada a caracterizar o que se pode chamar de escravidão-sistema, ou escravidão histórica, ou escravidão racial, e a tentar deslocar a reprodução mecânica de seus efeitos discriminatórios e humilhantes. No entanto, ela tem sua utilidade na luta contra o que alguns chamam de escravidão moderna.

Qual é a diferença entre as duas?
A escravidão, vamos chamá-la de escravidão social, acompanhada do tráfico negreiro — como expliquei, pela primeira vez essas duas calamidades estavam imbricadas a esse ponto —, essa escravidão diz respeito a uma atividade organizada, sistemática, em grande escala, do comércio e da exploração de seres humanos. Já contei a você como as potências europeias tinham oficialmente estruturado, codificado, racionalizado o comércio triangular e a escravidão, como a Igreja havia dado sua bênção, como

as ciências pretensamente humanas lhe haviam encontrado motivos e justificações. As práticas árabe-muçulmanas, que dizimaram essas mesmas populações, não devem ser nem absolvidas, nem subestimadas; entretanto, pelos *asientos*, bulas papais, doutrinas filosóficas, códigos negros e outros suportes, a Europa impulsiona para outra escala, metódica, planificada, racional, o que dependia, sobretudo, do rapto, do banditismo, da pilhagem, da pirataria, tudo sendo já lucrativo. O Alcorão não proíbe a escravidão, não mais do que a Bíblia ou os tratados filosóficos de Aristóteles ou de Santo Agostinho, todos sugerem que essa condição prende-se a uma ordem social natural, alguns pleiteando a favor de uma dominação cordial, exortando os senhores a tratar seus escravizados sem excesso de rigor, para que essa condição seja aceitável. É isso a escravidão racial ou escravidão-sistema.

O que alguns chamam de escravidão moderna refere-se à servidão doméstica ou à exploração sexual, na maioria dos casos. Há uma diferença maior entre a escravidão-sistema e a escravidão dita moderna. No primeiro caso, as mais altas autoridades do Estado não só estão envolvidas; pior que isso, elas são organizadoras. A Igreja é cúmplice. A justiça dispõe de um código que estipula que o escravizado não é uma pessoa, mas um bem mobiliário, propriedade de um senhor. O escravizado está cercado. Ninguém pode socorrê-lo. E aqueles que, solidários, querem vir em seu auxílio, devem convencer as autoridades de lhe reservar um destino mais humano. Ou então devem ajudá-lo a escapar, ao mesmo tempo, do senhor, do poder político, da autoridade eclesiástica e da justiça.

A escravidão dita moderna, ao contrário, é proibida. Abrange maquinações privadas, delitos e, às vezes, crimes não só moralmente repreensíveis, mas juridicamente interditos, portanto penalmente condenáveis. Aqueles que a praticam devem ser punidos — e eles não o são nem com suficiente frequência, nem com suficiente severidade.

***

A escravidão moderna é menos grave então?

É sempre muito grave atentar contra a liberdade de outrem. É grave roubar a força de trabalho de alguém, exercer sobre ele os "atributos de propriedade" — para retomar a definição da Convenção Internacional sobre a Escravidão. Em outras palavras, tratá-lo como um objeto. Mas há uma diferença enorme entre os sistemas que prosperam sob a proteção dos Estados criminosos e casos isolados, clandestinos, de pessoas que se aproveitam inclusive de sua imunidade diplomática ou parlamentar...

Suponho que não sejam combatidos da mesma forma?

Não de forma eficiente. No caso da escravidão-sistema, trata-se de constranger os Estados coniventes com ela a proteger seus nativos que vivem em outros territórios, a garantir seus direitos e, acima de tudo, sua liberdade. Você sabia que a última abolição da escravatura só ocorreu em 1981? Foi na Mauritânia, país que já era membro da Organização das Nações Unidas desde 27 de outubro de 1961. Apesar de todas as convenções internacionais de que já lhe falei, a Mauritânia praticava oficialmente a escravidão, que esteve inscrita em suas leis até 1960. Sua Constituição de 1961 proclamou a igualdade entre todos. Mas foi só com um decreto-lei de novembro de 1981 que a escravidão foi explicitamente abolida, ainda que tenha sido definida como sequela e que, preste atenção, uma indenização aos senhores tenha sido prevista. É isso mesmo!

Os senhores bidans são em geral mouros, e os escravizados, haratin ou abid, são negros ou mestiços frutos de estupros. Em março de 2007, houve nesse país o que se chamou de primeiras eleições livres desde a independência em 1960. Resultou disso, a partir de setembro de 2007, a promulgação de uma lei incriminando a escravidão e punindo-a com cinco a dez anos de prisão, assim como uma multa que pode chegar a um milhão da unidade monetária nacional (ouguiya), e sancionando funcionários e juízes passivos por não assistência aos escravizados.

Infelizmente, o golpe de Estado que ocorreu no país, em agosto de 2008, infligiu uma paralização brutal ao próprio processo democrático e, portanto, a essa conquista em particular, e os haratin que ousam dar queixa passam muito frequentemente pela triste experiência da indiferença das autoridades territoriais, prefeitos (*hakem*) ou governadores (*wali*).

As ONGs garantem, no entanto, que a escravidão perdura e está longe de ser irrisória, já que 4% da população seria escravizada.

O governo mauritano comprometeu-se com a ONU, no início de 2015, com um plano para a erradicação da escravidão. É um progresso no sentido de que esse engajamento significa reconhecimento da realidade, mas para que esse compromisso tome corpo e tenha chance de dar certo, é preciso provavelmente fortalecer a lei, sobretudo permitindo à sociedade civil, através das ONGs, constituir-se como parte de um processo.

Ou seja?

Quer dizer que as associações que não sofrem diretamente os efeitos da escravidão têm o direito de abrir um processo e de acessar as peças do dossiê. Os poderes, sejam eles quais forem, não gostam de abrir essa possibilidade para os militantes, a de se envolver com a ação judiciária e até dar início à ação pública. E mesmo num país como a França, sobre uma outra questão sensível que é a luta contra a corrupção, eu tive de batalhar muito para inscrever na lei o direito para as associações de se constituírem parte de um processo. Os senadores se opuseram majoritariamente, foram os deputados que votaram por ele.

Puxa! Imagino que na Mauritânia não está fácil!

Ah, mas lá também as ONGs lutam! É provavelmente mais difícil, mas elas têm força. Uma ONG foi criada pelos descendentes dos haratins e dos bidans. Simbolicamente é bonito, mas, além disso, revela a mentalidade de uma outra geração.

E será que a Mauritânia é o único país a ser banido do concerto das nações neste século XXI, que é só um pouco menos brutal que o século XX?

Para começar, é melhor que a comunidade internacional esteja sobretudo do lado da Mauritânia, tanto de suas autoridades políticas, como pelo plano envolvendo o governo, quanto ao lado de atores civis como o SOS Esclavage [SOS Escravidão] sobre o qual acabei de falar, do que ao lado do IRA [Iniciativa pelo Ressurgimento Abolicionista], ou das ONGs transnacionais. Isso é possível graças ao estatuto de membro ou observador de instâncias da ONU.

Se não, lamentavelmente, outros países se distinguem por sua complacência ou sua inércia em combater essa praga. Em outros lugares, como, por exemplo, no Paquistão, os habitantes mais pobres e mais frágeis estão expostos a um tráfico ignóbil. São vendidos às vezes por seus próprios pais para saldar dívidas ou para sobreviver, como no Gabão, na Costa do Marfim, em Gana, na Etiópia, na Eritreia. Podem igualmente ser recrutados abertamente por agências estabelecidas, como ocorre nas Filipinas ou no Sri Lanka.

No Brasil, no Peru e em outros lugares da América do Sul, trabalhadores negros e ameríndios são dominados por um sistema desonesto que existe em minas de ouro ou em explorações florestais: os empregadores lhes concedem um empréstimo, depois os obrigam a se endividar mais, praticando uma inflação galopante sobre os preços dos alimentos, da moradia, das ferramentas que eles mesmos se encarregam de fornecer, é claro. Assim, eles são os empregadores, comerciantes, banqueiros, uma espécie de cerco aqui também.

E depois há também o caso particular do Haiti.

Haiti! Cada vez que se trata de desgraças, o Haiti está presente! É um destino pungente! Também é o caso da escravidão na atualidade, apesar da insurreição vitoriosa de 1791.

Na ditadura de Papa Doc, Duvalier pai, que se tinha autoproclamado presidente vitalício, os trabalhadores haitianos eram vendidos à vizinha República Dominicana como cortadores de cana, vivendo em *bateys*, acampamentos em torno das plantations. Esse comércio rendia anualmente ao orçamento do Estado, que, aliás, se confundia com a fortuna privada de Duvalier, 1 milhão e 250 mil dólares. Nada prova que esses usos sórdidos tenham desaparecido totalmente, mesmo que não se efetuem mais sob a responsabilidade do Estado.

No Haiti, crianças chamadas de "*restavek*" ou "*lapourça*" são geralmente meninas ou adolescentes confiadas ou vendidas por famílias pobres a famílias burguesas, frequentemente descendentes de mulatos, mas não só, uma vez que a burguesia negra tristemente também consente. E se, como você diz, o Haiti está com demasiada frequência sentado à mesa da desgraça, não há nisso nenhuma fatalidade, nenhuma maldição, como às vezes se ouve dizer. Há um crime e seus autores são criminosos. Há uma causa e a urgência de servi-la, de defendê-la por todos os meios de direito e de coerção. E, infelizmente, a volta ao mundo dessa abominação confirma a necessidade disso. ONGs afirmam que a escravidão ainda está vigente no Sudão. Esse país, no entanto, é membro da ONU desde 12 de novembro de 1956. Outros países são denunciados por associações sérias e credíveis, cujos militantes lutam localmente para fazer desaparecer essa ignomínia.

É o caso da Índia, onde o trabalho obrigatório, entretanto, foi abolido em 24 de outubro de 1975. E de tempos em tempos uma tragédia vem nos lembrar de que, infelizmente, não falamos só do passado, que a ignóbil tendência a oprimir seu próximo para tirar proveito persiste em inúmeros lugares do globo, que nenhum de nós pode se livrar disso, nem enquanto seres humanos e irmãos dos homens, nem enquanto consumidores cúmplices involuntários, menos ainda enquanto responsáveis políticos, prestadores de contas sobre o estado do mundo.

O mundo, justamente, tornou-se o espaço escancarado das competições econômicas, das conivências financeiras, do cinismo judicial, das opressões dissimuladas e sórdidas, das manobras para ocupar as falhas do direito.

Foi o que aconteceu com o desmoronamento do Rana Plaza, em 24 de abril de 2013, na periferia de Dacca, em Bangladesh. Mil cento e trinta mortos, mais de 2 mil feridos, socorristas valentes, mas traumatizados pelo pesadelo dos vivos presos nos escombros de um imóvel que abrigava as oficinas têxteis onde trabalhavam mais de dez horas por dia, homens, mulheres, às vezes crianças, todos pobres e vulneráveis, sujeitos de direito sem direitos e objetos de exploração.

É bem triste! Mas pelo menos isso não acontece na Europa!

Não se iluda! Na Suíça, na França, na Inglaterra, na Alemanha, nos Estados Unidos, pessoas subjugadas por dívidas trabalham em oficinas ou em canteiros de obras clandestinos. São encontradas mulheres jovens e também homens jovens comprados ou recrutados em países pobres, reduzidos à escravidão por pseudoempregadores que confiscam seus documentos, privando-os de liberdade, não lhes pagando nenhum salário. Esses empregadores frequentemente são pessoas importantes. E quanto ao Rana Plaza, é preciso que você saiba que marcas de países democráticos, invocando em altos brados os direitos humanos, faziam ali encomendas para que fossem fabricadas suas coleções de roupas, protegidas dos olhares dos cidadãos consumidores. Estes devem exigir o compromisso do que se chama responsabilidade social das empresas.

Que seja! Na teoria, acho que compreendi a diferença entre a escravidão-sistema e a escravidão moderna, mas na prática, nos fatos, tenho a impressão de que é menos simples.

Você tem razão. Sobretudo, para as vítimas. Houve o tráfico negreiro e a escravidão instituídos como sistema, cujas abominações já descrevemos. Existe uma escravidão contemporânea que continua a comprar abertamente seres humanos, embora todas as convenções internacionais proíbam e incriminem a escravidão, e diante do fato de que nenhum país membro da comunidade internacional pode abrigar uma legislação que autorize a escravidão. Esse crime progride porque é garantido por redes de tráfico de seres humanos. Essas redes abastecem esses empregadores que expõem homens às intempéries, lhes impõem cadências infernais, condições de vida e de trabalho desumanas. Aprovisionam aqueles que procuram principalmente por mulheres e crianças para submetê-las às servidões mais variadas, principalmente sexuais e domésticas, que estão inclusas na escravidão dita moderna. Todos esses sistemas, procedimentos ou práticas aviltam suas vítimas.

Quando um país pratica ou permite que a escravidão seja oficialmente praticada, o combate consiste em suprimir os textos infames que a autorizam, antes mesmo de recorrer ao aparelho judiciário para obter a sansão de um ato que seria legal. O combate situa-se igualmente no plano internacional, no que se refere a excluir esse país do concerto das nações, como você dizia há pouco.

Quando a escravidão e a servidão são praticadas clandestinamente ou a título privado, no âmbito de legislações que as proíbem, a batalha é judicial. Cada cidadão é afetado e tem o dever de socorrer as vítimas. Tem de ir a uma delegacia ou informar uma associação de luta contra a escravidão dita moderna.

***

Você não gosta dessa palavra, não é?
Não vejo nada de moderno na escravidão.

São as formas que são modernas.
Ao contrário, elas permanecem arcaicas. Quaisquer que sejam sua engenhosidade e sua habilidade, as pessoas que conseguem subjugar seres humanos dão mostra, sobretudo, de uma indigência moral, de uma inaptidão para respeitar o outro, de uma inaptidão para honrar sua própria humanidade, de uma ferocidade da qual nenhum animal é capaz.

De barbárie, afinal. Portanto, todo cidadão pode dar queixa contra a escravidão moderna?
Esse delito não existe no Código Penal [da França]. A vantagem dos conceitos fortes é atingir as consciências e mobilizar as energias. O da "escravidão moderna" é um deles. Observe que os anglo-saxões falam em *modern-day slavery*. Mas há a linguagem e as regras do direito. No combate judiciário, é preciso bater com precisão para ser eficaz. Acontece que pessoas questionadas por "servidão" escapam de condenações alegando boa-fé ou intenções louváveis para com a vítima — que elas teriam retirado de um destino funesto ou encarregando-se dela a pedido da família. Em certos casos, no entanto, delitos claramente identificados como a imigração clandestina, o confisco de documentos, o sequestro, os castigos, os tratamentos degradantes teriam provocado sanções.

Mas será que é suficiente?
Seguramente não. É por isso que seria preciso preencher essas lacunas jurídicas e manter essa dinâmica interativa entre as legislações nacionais e os instrumentos internacionais, a fim de chegar a um campo infracional e penal unificado: mesmas

definições, mesmas sanções. É preciso, enfim, que sejam os escravagistas a se sentirem sitiados, cercados.

Essa perspectiva me agrada. Mas como fazer para suprir as lacunas jurídicas? Na França, por exemplo?

Primeiramente identificando os erros e as imprecisões da lei, e escrevendo-a da forma mais precisa possível. O direito, numa democracia, caracteriza-se por sua previsibilidade. É preciso, portanto, que seja claro e inteligível, e pela própria segurança: é preciso que seja estável e estabelecido sobre fundamentos claros em termos de valores éticos.

No que se refere à precisão, por exemplo, quando eu efetuava a transformação no Código Penal francês de diretivas europeias e de uma convenção da ONU sobre o tráfico de seres humanos, fomos confrontados com a ausência de infrações que definissem a escravatura e a servidão. Sem infração, não há sanção. Entretanto a escravidão estava bem presente no artigo 212 do Código Penal, sobre os "Outros crimes contra a humanidade", e no anterior, artigo 211, que tratava do "Genocídio". É a escravidão-sistema, coletiva. A escravidão individual enquanto tal, assim como a servidão, não eram mencionadas nem definidas no Código Penal; portanto, não eram sancionadas enquanto tais. A partir de então há mudanças. Instalei um grupo de trabalho associando juristas e parlamentares, com o fim de redigir artigos que garantissem as qualidades que eu evocava em relação à previsibilidade e à segurança. E pela lei de 5 de agosto de 2013, introduzimos essas infrações específicas, a partir de então punidas; a escravidão com vinte anos de reclusão criminal com penas complementares, notadamente a supressão dos direitos cívicos e civis, e, sobretudo, o confisco da totalidade do patrimônio, seja de origem legal ou ilegal. A servidão é punida com dez anos de prisão e com 300 mil euros de multa; o trabalho forçado é punido com sete anos de prisão e 200 mil euros de multa.

Especificamos igualmente o delito de tráfico de seres humanos, doravante punido com sete anos de prisão e com 150 mil euros, que sobem para dez anos e 1,5 milhão em caso de circunstâncias agravantes, relacionadas a menores de idade, por exemplo. E o autor não pode se prevalecer do consentimento da vítima.

Olhe só! A lei tem a mão pesada!

É preciso saber que o tráfico de seres humanos é uma atividade criminosa lucrativa, a terceira segundo o Escritório das Nações Unidas sobre Drogas e Crime (ONUDC) — depois do tráfico de entorpecentes e as contrafações — com um volume de negócios de 32 bilhões de dólares. O número de vítimas varia de 22 milhões segundo a Organização Internacional do Trabalho (OIT) a 65 milhões de pessoas segundo outras fontes. Cerca de 30% dessas vítimas são crianças e 80% do total das vítimas são forçadas à exploração sexual. As outras formas de sujeição são os casamentos forçados, o trabalho forçado, a mendicidade forçada, a servidão por dívidas. No final das contas, a consequência é interromper a trajetória de vida dessas pessoas, privá-las de seu próprio destino, além das sevícias que lhes serão infligidas.

Uma das dificuldades, aliás, para conhecer realmente o número de vítimas, é que muitas delas ignoram que são escravas! As crianças e as vítimas que foram vendidas muito jovens ou que são sempre maltratadas nem mesmo sabem que sua condição não é normal, menos ainda que é ilegal, e ainda menos que existem procedimentos para as proteger. É preciso um arsenal jurídico e judiciário sólido para enfrentar isso. A comunidade internacional adotou em 2004 o protocolo adicional à Convenção das Nações Unidas Contra o Crime Organizado. Esse protocolo tem como objetivo prevenir, suprimir e punir a tráfico dos seres humanos, *human trafficking*, especialmente quando visa mulheres e crianças.

***

Apesar disso, a proporcionalidade é um princípio fundamental, como você gosta de dizer...

Exato. A proporcionalidade, a gradação das penas conforme a gravidade dos atos são fundamentos do direito na democracia. E a sanção deve ter um sentido. Para a sociedade, para a vítima, mas também para o autor. Não se trata, apesar da emoção, da indignação, da revolta que nos inspiram esses delitos e esses crimes, de nós mesmos nos perdermos em castigos desmedidos. O processo penal rompe justamente o face a face cuja consequência principal é a vingança inesgotável que se perpetua de geração em geração, como ocorreu nas sociedades arcaicas, como ocorre ainda em torno de conceitos totalmente retrógrados, tais como o que alguns chamam de crimes de honra, que são apenas crimes. Cesare Beccaria já em 1764 escrevia que "a justiça é o lugar necessário dos interesses particulares" e que a ausência desse lugar "levaria ao antigo estado de insociabilidade". Acrescentava que "todo castigo que vai mais longe é de natureza injusta". Assim sendo, não só o processo penal rompe utilmente o face a face autor/vítima, mas transporta a possibilidade de um vínculo social restabelecido, e põe um fim ao litígio.

Nesse caso, as sanções são ao mesmo tempo proporcionais aos prejuízos e conformes aos princípios.

Você deve imaginar que não é por compaixão que me surpreendo, mas porque me pergunto se o efeito não será, já se arriscando a tanto, o de intensificar a atividade.

É um risco. O único meio de aniquilá-lo é a eficácia. E desse ponto de vista, o que introduzimos é especialmente convincente. Graças ao arsenal penal assim completado e reforçado, o número de condenações passou do número irrisório de duas em 2006 a 140 em 2014.

***

Com licença, a partida então está ganha?

Eu não comemoraria tão depressa. É certo que isso faz uma verdadeira diferença. Entretanto, se é essencial sancionar, é indispensável elevar o nível de consciência das proibições, em sua dimensão ética, mais ainda do que na penal. De toda forma, ao mesmo tempo, é a principal consequência e o principal ensinamento das lutas dirigidas por todos aqueles que recusaram a opressão, e singularmente por aquelas e aqueles que abalaram, fragilizaram e depois destruíram o sistema escravagista.

Em suma, tudo está interligado?

Pode-se dizer que sim. As insurreições, a marronagem e as múltiplas formas de solapar o sistema escravagista pelos escravizados e seus aliados tornaram legítimos, oportuna e anteriormente, o postulado da unidade da condição humana, a reivindicação de igualdade, o respeito dos direitos civis e dos direitos cívicos. Revelam bem, como disse Louis Delgrès, que a resistência à opressão é um direito natural, esteja inscrito ou não na lei. A lição é de um alcance universal. O impacto não é desprezível, considerando o número de vítimas atingidas, e como eu disse, inclusive não se tem certeza se esse número não é maior. E todos os países são afetados, enquanto país de origem, de trânsito ou de destino.

Só de pensar já dá vertigem! Há muito trabalho a fazer para a minha geração!

Sem contar que também cabe à sua geração se mobilizar contra a pena de morte em todo o mundo. Todos esses combates estão ligados. Determinados países estão se afundando numa verdadeira criminalização da pobreza, numa penalização das diferenças e das singularidades. Em torno de um discurso securitário de egoísmo e de covardia, a severidade desenfreada das sanções leva a pôr pobres na prisão, inclusive por pequenos delitos, e a executar com toda força, sem prova, sem certeza, sem piedade, menores, inválidos, órfãos, marginais. E tudo isso não acontece só nos países mais pobres, nem nos mais desiguais.

Nos Estados Unidos, por exemplo. Após a abolição da escravatura houve a segregação, depois a ilusão dos direitos cívicos com Martin Luther King, o encarceramento extremo. É difícil não compreender a revolta e os danos que ela provoca. Infelizmente eles aniquilaram os Panteras Negras, depois de aniquilar o Malcom X. E são sempre os mesmos que estão por trás do botão de comando, mesmo que encontrem às vezes oprimidos para apertar o gatilho. O pior é que essa mentalidade chega por aqui.

É preciso relativizar. A primeira lei de abolição da pena de morte foi votada no estado de Michigan, em 1º de março de 1846. Doze estados norte-americanos são abolicionistas da pena de morte, e quase o mesmo número não a aplica há vários anos; e a criminalidade não é superior à dos estados "execucionistas". Mas desse país nos vêm tanto o pior como o melhor. Com teorias nebulosas e totalitárias como "tolerância zero", que teve sucesso notório com Rudy Giuliani, quando era prefeito de Nova York, e das quais os governantes franceses, desprovidos de imaginação e por falta de eficácia, se apossaram no quinquênio 2007-2012, alimentou-se a ilusão de que é possível viver sem risco, egoisticamente, indiferente ao infortúnio de outrem. O medo dos abastados serve de estandarte em sociedades cada vez mais desiguais. Faltam vozes fortes, graves, generosas, fraternas, enraizadas na coragem e na solidariedade, para dizer que o egoísmo não é um ideal, que a injustiça não é uma fatalidade, que o futuro não se constrói sem lutas. Restam conquistas gloriosas que vão ocorrer por conta de sua geração.

São conquistas que batem à nossa porta, mas também em outros lados do mundo, se estou entendendo bem?

Você entendeu bem. É preciso lutar aqui e lá, lá longe. Contra a exclusão, as discriminações e os preconceitos que remetem para a margem os que são diferentes. Mas também pela abolição da pena de morte nos Estados Unidos e em Cuba, na China e nos países da Península Arábica. Contra a violência cotidiana, mas também contra os castigos corporais como penas judiciárias. Contra a pobreza aqui e contra a fome no mundo. Por todos os clandestinos, as pessoas em situação de rua, os que estão privados das liberdades e dos direitos fundamentais. Com todos os que se recusam a acreditar que o inferno é na Terra.

O tráfico de seres humanos por redes criminosas que desrespeitam fronteiras e zombam dos quadros jurídicos, os dramas que acontecem muito longe, mas que afetam pessoas bem perto de nós, lembram-nos que a mundialização é muito frequentemente a extensão das exclusões, a expansão das dominações, a agravação das injustiças, a propagação das sujeições, a amplificação das desigualdades. Vocês precisam e vocês precisarão contrapor a essa hidra a mundialidade da solidariedade e da fraternidade preconizada por Édouard Glissant.

É uma luta sem trégua que teremos de travar!

O coração de vocês é imenso e a energia, inesgotável. E eu sei que depois de ter tratado dessas feridas e vencido essas calamidades, ainda lhes restará força suficiente para ajudar aqueles que estão adormecidos na opulência a descobrir o encanto de compartilhar.

É uma utopia!

Para as almas valentes, a utopia nunca tem mais do que alguns anos à frente.

Anexo I

LEI VISANDO AO RECONHECIMENTO
DO TRÁFICO E DA ESCRAVIDÃO
ENQUANTO CRIMES CONTRA A HUMANIDADE.
EXPOSIÇÃO DE MOTIVOS DA SRA. TAUBIRA-DELANNON,
DEPUTADA DA GUIANA.

ASSEMBLEIA NACIONAL
CONSTITUIÇÃO DE 4 DE OUTUBRO DE 1958
DÉCIMA PRIMEIRA LEGISLATURA
REGISTRADO NA PRESIDÊNCIA DA ASSEMBLEIA NACIONAL
EM 22 DE DEZEMBRO DE 1998

Senhoras e senhores,

Não existe contabilidade que meça o horror do tráfico negreiro e a abominação da escravidão. As anotações dos navegadores, falsificadas, não demonstram a abrangência das invasões para captura, do sofrimento das crianças exaustas e assustadas, da confusão desesperada das mulheres, da perturbação opressora dos homens. Fazem silêncio sobre a comoção que os atordoa na Casa dos Escravos na ilha de Gorée. Desconhecem a angústia do amontoado no fundo do porão. Apagam a agonia dos escravizados lançados ao mar. Renegam os estupros de adolescentes apavoradas. Suprimem as negociatas nos mercados de animais. Dissimulam os assassinatos protegidos pelo Código Negro. Invisíveis, anônimos, sem filiação nem descendência, os escravizados não contam. Só valem as receitas. Não há estatísticas, não há provas, não há prejuízo, não há reparação. Os não ditos do pavor que acompanhou a deportação mais maciça e mais longa da história dos homens dormitaram durante um século e meio sob a mais pesada capa de silêncio.

A batalha dos números é feroz. Historiadores vacilam na conta dos milhões de crianças, de mulheres e de homens, jovens e de boa aparência, de geração fecunda, que foram arrancados da terra da África. Cansados de guerra e sem certezas, detém-se numa variação de 15 a 30 milhões de deportados pelo tráfico transatlântico. Arqueólogos decifram, com uma aplicação de escolares, os vestígios das civilizações pré-coloniais e exumam, com uma satisfação patética, as provas da grandeza da África de antes dos conquistadores e compradores. Antropólogos descrevem a troca desigual do comércio triangular entre os escravos, matéria-prima do capitalismo europeu expansionista, e bibelôs, tecidos, barras de ferro, álcoois, fuzis que serviam para acertar os "costumes", direitos pagos sobre o tráfico aos Estados ou chefes tradicionais do litoral. Etnólogos reconstroem o esquema de explosão das estruturas tradicionais com o choque desse tráfico que proveu os portos europeus em impostos indiretos lucrativos, os armadores em rendas condenáveis, os Estados em receitas fiscais incolores e inodoras. Sociólogos recuperam os vestígios de intrigas políticas fomentadas pelos negreiros para estimular os conflitos entre Estados africanos, entre chefes tradicionais do litoral, entre fornecedores de "madeira de ébano". Economistas comparam a voracidade da economia de mineração à rapacidade da economia das plantations e vão buscar a motivação das deportações maciças. Teólogos fazem a exegese da maldição de Cam e tentam concluir a controvérsia de Valladolid. Psicanalistas exploram as forças de sobrevivência e os mecanismos de exorcismo que permitem escapar da loucura. Juristas dissecam o Código Negro, qualificam o crime contra a humanidade e o consideram imprescritível.

Os filhos e filhas de descendentes de escravizados, dispersos em diásporas solidárias, feridos e humilhados, saturados de chicanas sobre a escravidão pré-colonial, as datas de conquista, o volume e o valor da pacotilha, as cumplicidades locais, os libertadores europeus, refutam por meio dos feitos de Chaka, imperador zulu, que se opôs à penetração do país zulu por negociantes de escravizados. Cantam a epopeia de Sundjata, fundador do Império do Mali, que combateu incessantemente o sistema escravagista. Brandem a bula de Ahmed Baba, grande sábio de Tombuctu, que recusou a maldição de Cam em todo o Império Songai e condenou o tráfico transaariano iniciado por negociantes magrebinos. Desvendam a temeridade da rainha Ginga, que ousou até enfrentar seu irmão numa recusa total. Colecionam as cartas de Afonso I, rei do Congo, que recorreu ao rei de Portugal e ao papa. Murmuram entredentes a ronda dos negros *marrons*, guerreiros prestigiosos e rebeldes comuns. Cantarolam o romanceiro dos negros das senzalas, solidários nas fugas, provocadores de incêndios, artesãos de sortilégios, artistas do veneno. Entoam a funesta e grandiosa cantilena das mães aborteiras. Tentam atenuar a cupidez daqueles dentre os seus que entregam cativos aos negreiros. Mensuram a venalidade deles, sua inconsciência ou sua covardia, de uma lamentável banalidade, com a medida da traição de elites, não menos numerosas, que também venderam os seus em outros tempos e outros lugares. Revoltados, enojados pela má-fé daqueles que declaram que a falta foi apagada pela morte dos culpados e tergiversam sobre os destinatários de eventuais reparações, sussurram, incomodados, que embora o Estado de Israel não existisse quando os nazistas cometeram, durante doze anos, o holocausto contra os judeus, ele é beneficiário, no entanto, das indenizações pagas pela antiga República Federal da Alemanha.

Confusos, murmuram que os norte-americanos reconhecem que devem reparação aos norte-americanos de origem japonesa confinados sete anos por ordem de Roosevelt, durante a Segunda Guerra Mundial. Contrariados, evocam o genocídio armênio e homenageiam o reconhecimento de todos esses crimes. Contritos com essas comparações, conjuram complôs, oprimidos, entusiasmados por convencer que nada seria pior do que estimular e deixar apodrecer uma sórdida "concorrência de vítimas".

Os humanistas ensinam então, com uma raiva serena, que não se poderia descrever o indizível, explicar o inominável, mensurar o irreparável. Esses humanistas de todos os ofícios e de todas as condições, especialistas eminentes ou cidadãos sem bandeira, naturais da raça humana, sujeitos de culturas singulares, oficiais ou oprimidas, portadores de identidades comunicativas ou atormentadas, pensam e proclamam que é hora do recolhimento e do respeito. Que os circunlóquios sobre os álibis dos negreiros são pútridos. Que os subterfúgios sobre as circunstâncias e as mentalidades de época são primitivos. Que as digressões sobre as cumplicidades africanas são obscenas. Que as revisões estatísticas são imundas. Que os cálculos sobre os custos da reparação são escabrosos. Que as querelas jurídicas e as tergiversações filosóficas são indecentes. Que as sutilezas semânticas entre crime e atentado são cínicas. Que as hesitações em admitir o crime são ofensivas. Que a negação da humanidade dos escravizados é criminosa. Dizem, como Elie Wiesel, que o "carrasco sempre mata duas vezes, a segunda vez pelo silêncio".

Os milhões de mortos estabelecem o crime. Os tratados, bulas e códigos constatam sua intenção. As licenças, contratos, monopólios de Estado atestam sua organização. E aqueles que se confrontaram com a barbárie absoluta, levando para além dos mares e para além do horror, tradições e valores, princípios e mitos, regras e crenças, inventando cantos, contos, línguas, ritos, deuses, saberes e técnicas sobre um continente desconhecido, aqueles que sobreviveram à travessia apocalíptica no fundo do porão, com todas as referências dissolvidas, aqueles cujas pulsões de vida foram tão potentes que venceram o aniquilamento, esses estão dispensados de ter que demonstrar sua humanidade.

A FRANÇA, QUE FOI ESCRAVAGISTA ANTES DE SER ABOLICIONISTA, PÁTRIA DOS DIREITOS DO HOMEM, OBSCURECIDA PELAS SOMBRAS E AS "MISÉRIAS DAS LUZES", VOLTARÁ A DAR BRILHO E GRANDEZA A SEU PRESTÍGIO AOS OLHOS DO MUNDO SENDO A PRIMEIRA A SE INCLINAR DIANTE DA MEMÓRIA DAS VÍTIMAS DESSE CRIME ÓRFÃO.

Anexo 2

D.O. nº 119, de 23 de maio de 2001

LEI Nº 2001-434 DE 21 DE MAIO DE 2001
VISANDO AO RECONHECIMENTO DO TRÁFICO E DA ESCRAVIDÃO
ENQUANTO CRIMES CONTRA A HUMANIDADE (I)

A Assembleia Nacional e o Senado adotaram, o Presidente da República promulga a lei cujo teor é o seguinte:

Artigo 1º

A República francesa reconhece que o tráfico negreiro transatlântico, assim como o tráfico no oceano Índico de um lado, e a escravidão, de outro, perpetrados a partir do século XV nas Américas e nas Caraíbas, no oceano Índico e na Europa contra as populações africanas, ameríndias, malgaxes e indianas, constituem um crime contra a humanidade.

Artigo 2º

Os programas escolares e os programas de pesquisa em história e em ciências humanas concederão ao tráfico negreiro e à escravidão o lugar consequente que merecem. A cooperação que vai permitir pôr em articulação os arquivos escritos disponíveis na Europa com as fontes orais e os conhecimentos arqueológicos acumulados na África, nas Américas, nas Caraíbas e em todos os outros territórios que conheceram a escravidão será encorajada e favorecida.

Artigo 3º

Uma petição em reconhecimento do tráfico negreiro transatlântico assim como o tráfico no oceano Índico e a escravidão como crimes contra a humanidade será introduzida junto ao Conselho da Europa, às organizações internacionais e à Organização das Nações Unidas. Essa petição visará igualmente à busca de uma data comum ao plano internacional para comemorar a abolição do tráfico negreiro e da escravidão, sem prejuízo das datas comemorativas próprias a cada um dos departamentos de além-mar.

Artigo 4º

A última alínea do artigo único da lei nº 83-550 de 30 de junho de 1983, relativa à comemoração da abolição da escravatura, é substituída por três alíneas assim redigidas:

"Um decreto fixa a data da comemoração para cada uma das coletividades territoriais visadas abaixo;

"Na França metropolitana, a data da comemoração anual da abolição da escravatura é fixada pelo governo após a mais ampla consulta;

"É instaurado um comitê de personalidades qualificadas, dentre as quais representantes de associações que defendem a memória dos escravizados, encarregado de propor, para o conjunto do território nacional, lugares e ações que garantam a perenidade da memória desse crime através das gerações. A composição, as competências e as missões desse comitê são definidas por um decreto em Conselho de Estado tomado em um prazo de seis meses após a publicação da lei nº 2001-434, de 21 de maio de 2001, visando ao reconhecimento do tráfico e da escravidão enquanto crime contra a humanidade."

Artigo 5º

Ao artigo 48-1 da lei de 29 de julho de 1881 sobre a liberdade de imprensa, depois das palavras: "por seus estatutos, de", são inseridas as palavras: "defender a memória dos escravos e a honra de seus descendentes".

A presente lei será executada como lei do Estado.

Paris, 21 de maio de 2001.

Primeiro Ministro
LIONEL JOSPIN

Pelo presidente da República
JACQUES CHIRAC

Ministro do Interior
DANIEL VAILLANT

Ministra da Justiça
MARYLISE LEBRANCHU

Ministro das
Relações Exteriores
HUBERT VEDRINE

Ministro da
Educação Nacional
JACK LANG

Ministro da Pesquisa
ROGER-GÉRARD
SCHWARTZENBERG

Ministra da Cultura
e Comunicação
CATHERINE TASCA

Secretário de
Estado no Ultramar
CHRISTIAN PAUL

Ministro delegado
encarregado dos Assuntos
Europeus
PIERRE MOSCOVICI

*Cet ouvrage a bénéficié du soutien des Programmes
d'Aides à la Publication de l'Institut Français.*

Este livro contou com o apoio à publicação do Institut Français.

*Cet ouvrage, publié dans le cadre du Programme d'Aide à la Publication 2024
Atlantique Noir de l'Ambassade de France au Brésil, et de la Saison France-Brésil 2025,
bénéficie du soutien du Ministère de l'Europe et des Affaires Etrangères.*

Este livro, publicado no âmbito do Programa de Apoio à Publicação 2024
Atlântico negro da Embaixada da França no Brasil, e da Temporada Brasil-França 2025,
contou com o apoio do Ministério da Europa e das Relações Exteriores.

L'Esclavage raconté à ma fille © 2015, Philippe Rey
Edição publicada mediante acordo com Éditions Philippe Rey
em conjunto com seus agentes devidamente designados, Books
And More Agency #BAM, Paris, França e LVB & Co. Agência,
Rio de Janeiro, Brasil. Todos os direitos reservados.

Todos os direitos desta edição reservados à Todavia.

Grafia atualizada segundo o Acordo Ortográfico da Língua
Portuguesa de 1990, que entrou em vigor no Brasil em 2009.

capa
Beatriz Costa
composição
Stephanie Y. Shu
preparação
Sheyla Miranda
revisão
Paola Sabbag Caputo
Ana Alvares

Dados Internacionais de Catalogação na Publicação (CIP)

___

Taubira, Christiane (1952-)
  A escravidão contada à minha filha / Christiane Taubira;
tradução Ligia Fonseca Ferreira, Regina Salgado Campos. —
1. ed. — São Paulo : Todavia, 2025.

  Título original: L'Esclavage raconté à ma fille
  ISBN 978-65-5692-806-7

  1. Escravidão. 2. Colonialismo. 3. França – história.
  4. França – aspectos sociais. I. Ferreira, Ligia Fonseca.
  II. Campos, Regina Salgado. III. Título.

CDD 306.362

___

Índice para catálogo sistemático:
1. Ciências sociais : Escravidão 306.362

Bruna Heller — Bibliotecária — CRB 10/2348

todavia
Rua Luís Anhaia, 44
05433.020 São Paulo SP
T. 55 11. 3094 0500
www.todavialivros.com.br

fonte
Register*
papel
Pólen natural 80 g/m²
impressão
Geográfica